Jolanda Englbrecht

Grab-
schmuck

gestalten und pflegen

Mit Bepflanzungsbeispielen
und Ideen für Kränze, Sträuße und
Gestecke von Anna Lindner
und Johanna Baumgartner

Farbfotos: Jürgen Stork
und andere bekannte
Pflanzenfotografen
Zeichnungen: Marlene Gemke

W0075022

GU GRÄFE UND UNZER

Inhaltsübersicht

Mit Blumen gedenken
Ein Wort zuvor

Gräber zu schmücken ist eine Herzensangelegenheit, denn das Grab ist der Ort, wo viele Trauernde sich ihren Verstorbenen besonders nahe fühlen und im Bepflanzen und Pflegen des Grabes Trost finden. Garten-Expertin Jolanda Englbrecht zeigt, wie Sie Gräber rund ums Jahr liebevoll gestalten können. Dabei lassen sich je nach Wunsch drei Elemente miteinander kombinieren: Die Dauerbepflanzung mit kleinen Gehölzen oder immergrünen Bodendeckern, die Saisonbepflanzung mit farbenfrohen Blumen der Jahreszeit und der mobile Schmuck mit Pflanzen in Schalen oder Kästen, als Strauß, Gesteck oder Kranz. In übersichtlichen Tabellen finden Sie die wichtigsten Grabpflanzen, deren Standort- und Pflegewünsche. Farbige Zeichnungen skizzieren Bepflanzungsvorschläge für unterschiedliche Grabtypen. Daneben zauberhafte jahreszeitliche Arrangements wie Sträuße, Gestecke, Kränze, Schalen und Kästen – alle exklusiv für diesen GU Ratgeber gestaltet. Abgerundet wird er durch praxisorientierte Tips zur Pflege von Gräbern.
Die Autorin und die GU Naturbuch-Redaktion hoffen, daß mit diesen Anregungen Ihr persönlicher Grabschmuck besonders schön gelingt.

Alte, bemooste Weihwasserschale mit Rosenkranz.

Bunte Frühlingsschale.

Sommerliches Blütenherz.

Die Autorin

Jolanda Englbrecht studierte Gartenbau an der Technischen Universität München-Weihenstephan und war wissenschaftliche Mitarbeiterin der Forschungsstelle für Politische Ökologie am Geschwister-Scholl-Institut der Universität München. Sie ist die Verfasserin mehrerer erfolgreicher Bücher zum Thema Garten.

Die Fotografen

Jürgen Stork, führender Natur- und Pflanzenfotograf, hat Grabsituationen und Pflanzen-Arrangements exklusiv für diesen GU Ratgeber fotografiert. Daneben weitere Fotos von bekannten Fotografen (→ Nachweis, Seite 63).

Die Zeichnerin

Marlene Gemke, Grafikerin und Pflanzenliebhaberin, illustrierte bereits mehrere erfolgreiche Titel des GU Naturbuch-Verlags mit hervorragenden Pflanzen- und Gartenmotiven.

Wichtig: Damit Ihre Freude beim Schmücken des Grabes nicht getrübt wird, beachten Sie bitte Warnung und Hinweis auf Seite 63.

Friedhöfe, Grabmale, Pflanzen

Einst und heute

Seit jeher sind Grabstätten symbolischer Ausdruck der Einstellung zum Tod und dem »Danach«. Wissenswertes über die Grabkultur unserer Vorfahren und über die heutige Friedhofsgestaltung erfahren Sie auf den nächsten Seiten.

Foto links: Frühlingshafte Bepflanzung mit leuchtend-gelben Stiefmütterchen. Als Übergang in den Sommer eine elegante Kombination von weißen Fleißigen Lieschen und Efeu im Kasten.
Foto oben: Kreisrund gepflanzte gelbe Chrysanthemen inmitten immergrüner Bodendecker.

Frühgeschichtliche Grabstätten

Seit Menschen seßhaft sind, bestatten sie ihre Toten an Orten, die ausschließlich hierfür vorgesehen sind. In früheren Kulturen wurden die Grabstätten oft großzügig für ein Fortleben im Jenseits ausgestattet. Funden solcher Grabbeigaben verdanken wir heute wertvolle Einblicke in Lebensweise und Kultur dieser Menschen.

Schon früh wurden Gräber mit Grabmalen gekennzeichnet, in die man nach Entwicklung der Schrift die Namen der Verstorbenen und oft auch weitere Einzelheiten über ihr Leben eingravierte.

Großen Einfluß auf unsere heutige Grabgestaltung hatte die Bestattungskultur der Römer, die ihre Gräber mit Blumen, Kränzen und Bändern schmückten. Sie begingen auch eine Art Allerseelenfest, bei dem in den Grabkammern Weihrauch und Öllichter entzündet wurden.

Die frühen Christen übernahmen viele heidnische Gebräuche. Eine Totenverbrennung lehnten sie jedoch ab, weil diese mit dem Auferstehungsglauben nicht vereinbar schien.

Mittelalterliche Grabgestaltung

Die Gräber der mittelalterlichen Kirchhöfe waren sehr schlicht gestaltet. Auf einem einfachen Erdhügel stand meist ein Kreuz als Zeichen für den christlichen Glauben des Verstorbenen. Das Kreuz hatte im symbolgläubigen Mittelalter aber noch eine weitere Funktion: Es sollte die Toten schützen – denn wo ein Kreuz stand, hatte der Teufel keine Macht.

Das Schmücken der Gräber spielte eine untergeordnete Rolle. Pflanzen, die in den mittelalterlichen Kirchhöfen zu finden waren, zählten meist zu den sogenannten »Beruf-« oder »Beschreikräutern«, denen man dämonenabschreckende Wirkung zuschrieb. Andere Grabpflanzen standen als Sinnbild für Unsterblichkeit, Auferstehung oder liebevolles Gedenken. Mehr darüber erfahren Sie auf Seite 16.

Bestattungsorte

Bis ins 18. Jahrhundert wurden die Toten in unserem Kulturkreis meist in der Kirche oder im Kirchhof bestattet. Hier, in der Nähe der Heiligen-Reliquien und eingeschlossen in die sonntägliche Fürbitte der Gemeinde, konnten sie nach katholischem Glauben am ehesten das Seelenheil erlangen. Neugewonnene hygienische Erkenntnisse und das Anwachsen der Bevölkerung führten jedoch dazu, daß Kirchenbestattungen verboten und Kirchhöfe häufig durch neue Friedhöfe vor den Toren der Stadt ersetzt wurden.

Entwicklung zur modernen Grabgestaltung

Im vorigen Jahrhundert kam es zu großen Veränderungen der Friedhofskultur. Die Einfuhr neuer Materialien für Grabmale verdrängte die heimischen Gesteine, Holz und Eisen zunehmend, und die Bepflanzung des Grabes bekam mehr und mehr dekorative Funktion. Möglichst exotische, bunte Gewächse wurden bevorzugt, und aufwendig gestaltete Grabstätten dienten immer öfter dazu, Wohlstand und Ansehen zu demonstrieren. Um die Jahrhundertwende führte dies zu einer Friedhofs-Reformbewegung, die eine Rückbesinnung auf heimische Materialien und eine zurückhaltendere Grabgestaltung bewirkte.

Auf Gartenschauen und in Muster-Friedhofsanlagen werden heute Beispiele für zeitgemäße, leicht zu pflegende Grabstätten gezeigt. Sie geben Anregungen für eine moderne, der Würde des Friedhofs angemessene Grabgestaltung.

Kleinteilige Grabmale wie diese Urne lassen sich zauberhaft mit Kränzen schmücken.

Grabkreuz aus Stein.

Vielfalt der Grabmale

Unterschiedliche Materialien und Formen. Schlanke Kreuze und Stelen können in Stein, Holz oder Metall ausgeführt werden. Breite, aufrechte Grabmale und liegende Grabplatten bestehen überwiegend aus Stein.

Hölzerne Grabstele mit Bronze-Kugel.

Moderne Grabmale

Breites Wahlgrab mit rechteckigem Naturstein.

*D*ie Bepflanzung der Grabstätte sollte sich am Standort, an Form und Farbe des Grabmals sowie an der Größe der Grabfläche orientieren. Die Grabpflanzen können ganz nach Geschmack symmetrisch oder asymmetrisch gesetzt werden. Bei großen Gräbern empfiehlt es sich, die Fläche durch mehrere Bodendecker optisch ansprechend zu unterteilen.

Schräg liegende Grabplatte.

Schlanke Grabstele.

Dreikantiger Grabstein.

Grabformen heute

Neben den Kirchen sind heute Städte und Gemeinden die Eigentümer von Friedhöfen. Gegen festgesetzte Gebühren überlassen sie den Gemeindemitgliedern das Nutzungsrecht an den Grabstellen. Kosten und Dauer dieser Nutzung hängen vom jeweiligen Grabtyp und seiner Größe ab.

Die drei häufigsten Grabformen sind das Wahl-, das Reihen- und das Urnengrab (→ Zeichnungen rechts). Daneben findet man in älteren Anlagen auch ausgemauerte Grüfte und Grabgebäude (Mausoleen), auf großen Friedhöfen außerdem Kolumbarien (Urnenhallen) mit einheitlichen Urnennischen.

Friedhofsordnungen

Der Charakter eines Friedhofs wird von den Trägern dieser Anlage bestimmt. Meist orientieren sie sich dabei an den landschaftstypischen oder städtebaulichen Gegebenheiten. So legen Friedhofsverwaltungen den Stil des gesamten Friedhofs fest. Neben dem traditionellen Kirchhof und dem über lange Zeit gewachsenen Dorffriedhof gibt es den streng gartenarchitektonisch angelegten Friedhof, den Waldfriedhof und den hainartigen Friedhof mit lockeren Baumgruppen.

Die häufigsten Grabtypen

Wahlgrab

Die Lage eines Wahlgrabs kann zusammen mit der Friedhofsverwaltung ausgewählt werden. Es gibt ein- und mehrstellige Wahlgräber. Die Seitenmaße einer einzelnen Grabstelle betragen etwa 1,20 x 2,50 m. Bei diesem Grabtyp kann die Nutzungsdauer in der Regel verlängert werden.

Reihengrab

Diese Gräber werden der Reihe nach für die Dauer einer »Ruhefrist« vergeben, die in der Friedhofsordnung festgelegt ist. Reihengräber sind grundsätzlich Einzelgräber mit Seitenmaßen von 1,10 x 2,40 m im Durchschnitt. Eine Verlängerung der Ruhefrist ist meist nicht möglich.

Urnengrab

Grabstätten für Urnen gibt es ebenfalls als Wahl- und Reihengräber. Ein Einzelgrab ist meist quadratisch mit Seitenlängen von etwa 1 m. Die Ruhefrist entspricht hier der von Erdbestattungen.

Damit die Anlage einen möglichst harmonischen Gesamtcharakter erhält, wird in der Friedhofssatzung festgelegt, was bei der Gestaltung der Gräber zu berücksichtigen ist. Im Rahmen dieser Gestaltungsrichtlinien bleibt aber immer noch Spielraum, um ganz persönliche Vorstellungen bei der Grabgestaltung zu verwirklichen.

Grabmal und Inschrift

Grabmale gibt es in unterschiedlichen Formen als aufrechte Grabsteine, schlanke Stelen oder Kreuze sowie als liegende Grabplatten oder Kissensteine. Meist sind allerdings Bestimmungen für deren Mindest- und Höchstmaße sowie für die Verwendung bestimmter Materialien zu berücksichtigen. Oft ist in einem Abschnitt des Friedhofs auch nur ein bestimmter Grabmaltyp zugelassen.

In jedem Fall muß der ausführende Handwerker den Entwurf für ein neues Grabmal mit Inschrift der Friedhofsverwaltung zur Genehmigung vorlegen. Diese Vorschrift will verhindern, daß Grabmale aufgestellt werden, die die Geschlossenheit des Friedhofs oder andere Benutzer in ihrem Empfinden stören.

Grabeinfassungen

Auf vielen älteren Friedhöfen sind Einfassungen aus dem Material des Grabsteins oder aus niedrig beschnittenen Pflanzen üblich. Die meisten Friedhofsträger streben heute jedoch eine offenere Bepflanzung mit verbindenden Grünflächen an. In neueren Anlagen sind Einfassungen daher häufig nicht mehr erlaubt.

Bepflanzung und Pflege

Bei der Auswahl der Grabpflanzen muß darauf geachtet werden, daß sie weder Wege und benachbarte Gräber noch die Standsicherheit des Grabmals beeinträchtigen. In manchen Bereichen des Friedhofs kann auch eine relativ einheitliche Bepflanzung mit Bodendeckern vorgeschrieben sein. Die Nutzer einer Grabstätte sind außerdem verpflichtet, das Grab gärtnerisch in Ordnung zu halten.

Zu dieser Grabpflege gehört neben der Bepflanzung mit Saisonblumen:
• Pflanzen gießen,
• Verblühtes, Verwelktes sowie Unkraut regelmäßig entfernen,
• Gewächse zurückschneiden,
• das Grab für den Winter vorbereiten,
• die Standsicherheit des Grabmals überprüfen.

Angebote der Friedhofsgärtnereien

Ob man das Anlegen und Pflegen eines Grabes selbst übernimmt oder eine Friedhofsgärtnerei damit beauftragt, hängt ganz von der persönlichen Lebenssituation ab. Friedhofsgärtnereien bieten heute eine breite Palette an Dienstleistungen, die individuell vereinbart werden können.

Sie übernehmen:
• die Planung und Anlage des Grabes,
• zeitlich begrenzte Pflegemaßnahmen,
• die Pflege übers Jahr mit Saisonbepflanzung und Grabschmuck zu den Gedenktagen,
• die Dauergrabpflege.

Diese erstreckt sich in der Regel über den gesamten Zeitraum der Grabnutzung. Die Kosten für die Dauergrabpflege sind bei Vertragsabschluß fällig und werden dann treuhänderisch verwaltet. Solch eine Vereinbarung kann jeder vorsorglich auch schon zu Lebzeiten für sich selbst treffen. Auskunft hierzu geben die Friedhofsgärtner und ihre Genossenschaften.

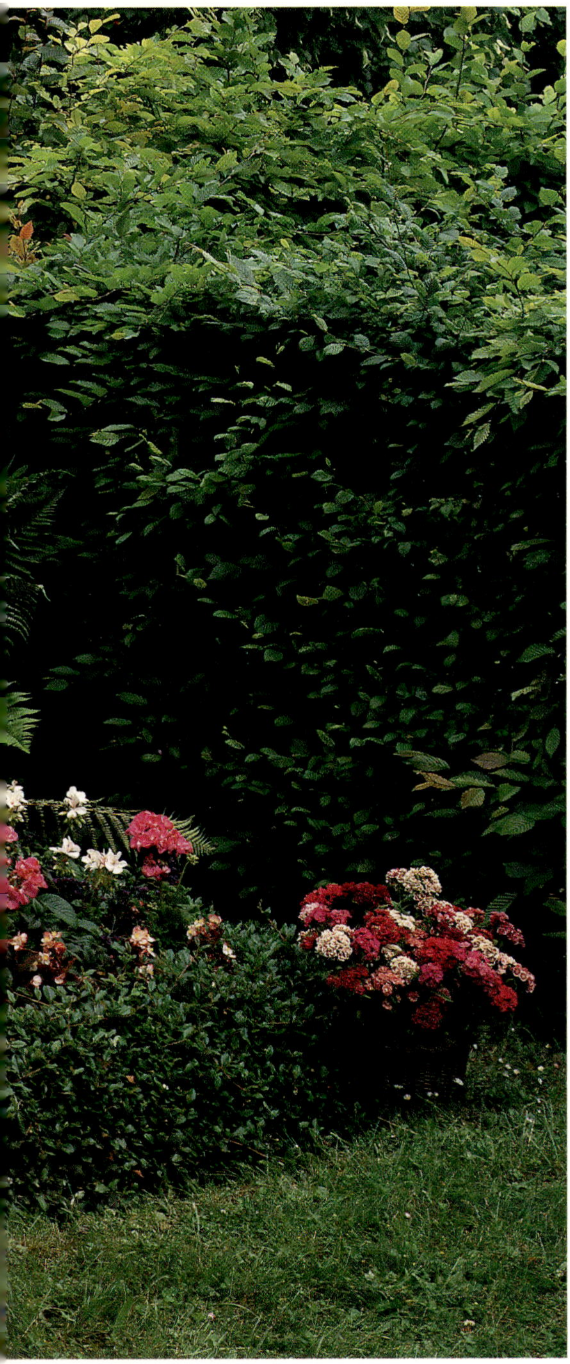

Bepflanzung und Grabschmuck

Gräber gestalten

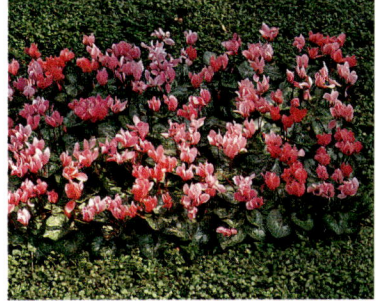

Eine ruhige und harmonische Ausstrahlung erhält ein Grab, wenn Bepflanzung und Blumenschmuck sorgfältig auf Grabgröße und Grabmal abgestimmt sind. Hier finden Sie alles, was Sie für eine fachgerechte und wirkungsvolle Gestaltung der Grabstätte wissen sollten.

Foto links: Farbenfrohe Sommerbepflanzung mit pink- und cremefarbenen Pelargonien, deren Wirkung durch den Kontrast der violetten Sonnenwende gesteigert wird.
Foto oben: Flächige Pflanzung verschafft auch filigranen Pflanzen – wie Alpenveilchen – deutliches Gewicht.

Vorüberlegungen

Vor dem Anlegen eines Grabes muß einiges bedacht werden, denn nur wenn Sie für den Standort geeignete Pflanzen auswählen (→ Seite 26), werden Sie langfristig Freude an ihnen haben. Bei der Planung müssen Sie außerdem die Richtlinien für Grabmal und Bepflanzung berücksichtigen, die in der Friedhofssatzung festgelegt sind (→ Seite 10/ 11). Sonst kann es Ihnen passieren, daß die Friedhofsverwaltung nachträglich eine kostspielige Änderung der Grabgestaltung verlangt.

Zeitgemäße Bepflanzung

Man unterscheidet hierbei drei Kategorien: sogenannte Rahmenpflanzen, die das Grabmal umrahmen, sowie Bodendekker und wechselnde Saisonblumen.

Rahmenpflanzen. Hierfür werden meist schwachwüchsige immergrüne Gehölze oder Stauden verwendet (→ Tabelle, Seite 28/29).
• Vor allem bei größeren Gräbern kann man die Bepflanzung der Höhe nach staffeln, so daß vor ein höheres Gewächs ein bis zwei niedrigere gesetzt werden. Auf diese Weise entsteht ein harmonischer Übergang zur ebenen Bepflanzung.

• Größere Gräber mit liegendem Denkmal erhalten einen wirkungsvollen Akzent, wenn man in die hintere Grabhälfte ein etwas höheres Gehölz setzt, das die optische Funktion eines aufrechten Denkmals übernimmt.
• Bei kleineren Urnengräbern eignen sich flachwachsende Zwerggehölze als Rahmenpflanzen.

Bodendeckende Pflanzen. Ein weiteres Gestaltungselement sind die Bodendecker (→ Tabelle, Seite 30). Sie überziehen die Grabfläche mit einem gleichmäßigen Bewuchs und haben den Vorteil, daß das Unkraut hier meist keine Chance mehr hat. Außerdem verhindern sie zu rasches Austrocknen der Erde.
Für Reihengräber ist die Art des Bodendeckers häufig festgelegt.

Saisonpflanzen. Die verbleibende Fläche bietet Platz für jahreszeitlich wechselnden Blumenschmuck (→ Tabelle, Seite 30/31). Saisonpflanzen bringen Farbe aufs Grab und schaffen einen lebhaften Kontrast zu den Grüntönen von Rahmenpflanzen und Bodendecker.
Für diese Beete wählt man heute gern eine ruhige geometrische Anordnung in Form eines Kreises, einer Raute oder eines Rechtecks.

Mein Tip: Bevor Sie zu pflanzen beginnen, planen Sie gründlich und legen Sie eine Skizze an.

Die Farben abstimmen

Der Farbton des Grabsteins, die Grüntöne der Dauerbepflanzung und die Farben der Blüten sollten harmonisch aufeinander abgestimmt sein. Beziehen Sie auch die benachbarten Gräber und die sonstige Umgebung in Ihre Überlegungen mit ein.

Dauerbepflanzung: Nicht jedes Grabmal harmoniert mit jedem Grünton gleich gut:
• Die Wirkung heller Grabmale wird von Pflanzen mit panaschiertem Blattwerk unterstrichen, während mit dunkelgrünen Pflanzen ein schöner Kontrast erzielt werden kann.
• Dunkle Grabsteine vertragen kräftige Grüntöne, die auch ins Rötliche spielen können.
• Gelbliche und rötliche Steine harmonieren mit blau- oder graugrünem Blattwerk.

Saisonpflanzen: Wird der Blumenschmuck in einige Entfernung zum Grabstein gesetzt, dann wirkt es sehr schön, wenn die Blütenfarbe den Ton des Steines aufnimmt. In seiner Nähe machen sich Kontrastfarben besser.
Einige allgemeine Regeln helfen bei der Farbwahl für den Blumenschmuck:

• Meiden Sie kunterbunte Farben, und beschränken Sie sich auf 2 bis 3 Töne.

• Kräftig wirken Sommerbepflanzungen in den Komplementärfarben Gelb und Violett, Orange und Blau, Rot und Grün.

• Dunkle Farben steigern helle, eine spannende Wirkung erzielt man zusätzlich durch ungleiche Gewichtung, wenn Sie also von einer Farbe wenige und von der anderen viele Pflanzen verwenden.

• Kühles Grün von Bodendeckern harmoniert mit kühlen Blütenfarben, also etwa Blaugrün mit Blau, Violett, Weiß oder Pink – warmes Grün mit warmen Blütenfarben.

• Reizvoll sind Ton in Ton gepflanzte Blumen-Arrangements, die gleiche Farben in helleren und dunkleren Schattierungen enthalten.

Bedenken Sie jedoch, daß bei einem ausdrucksstarken, künstlerisch gestalteten Denkmal die Bepflanzung zurücktreten sollte. Wählen Sie hier besonders dezente Pflanzenfarben, damit das Grabmal gut zur Geltung kommt.

Der Grabschmuck

An besonderen Gedenktagen ist es üblich, die Gräber mit Gestecken, Kränzen oder Sträußen liebevoll zu schmücken. Oft werden auch Lichter

Pflanzproportionen der Grabfläche

Um eine harmonische Wirkung der Grabbepflanzung zu erzielen, ist eine ausgewogene Aufteilung der Fläche wichtig. Allgemein wird von Fachleuten folgende Einteilung der Grabfläche empfohlen:
Zwei- oder mehrstelliges Wahlgrab:
25 % Rahmenpflanzung,
60 % Bodendecker,
15 % Saisonblumen.
Einstelliges Reihengrab:
15 % Rahmenpflanzung,
50 % Bodendecker,
35 % Saisonblumen.
Natürlich ist niemand an diese Aufteilung gebunden. Man kann auch eine größere Fläche mit Saisonblumen bepflanzen oder – als pflegeleichteste Variante – ganz auf Blumen verzichten und das Grab nur mit Dauergrün gestalten.

entzündet, und in manchen Regionen wird das Grab mit Weihwasser besprengt. Der Umwelt zuliebe sollte man heute aber nur noch die neuen Grablichter in Glasgefäßen verwenden.
Kränze, Gestecke und Sträuße schmücken im Winterhalbjahr die Fläche, die in den anderen

Jahreszeiten von Saisonblumen eingenommen wird. Steckvasen und weniger dauerhaften Grabschmuck können Sie aber ohne weiteres auch auf den Bodendecker-Pflanzen plazieren. Bei größeren Gräbern ist es günstig, für den Grabschmuck eine Steinplatte einzulassen.

Dekorative Grabschmuck-Beispiele für die verschiedenen Gedenktage des Jahres finden Sie auf Seite 34 bis 47.

Wer übernimmt die Pflege?

Heute wohnen viele nicht mehr in der Nähe ihrer verstorbenen Angehörigen oder können aus anderen Gründen die Grabpflege nicht übernehmen. Hier hilft der Friedhofsgärtner weiter (→ Seite 11), der sich auch mit den Vorgaben der jeweiligen Friedhofssatzung genau auskennt. Sehr hilfreich für Unerfahrene sind Rat und Tat der Friedhofsgärtner vor allem bei der Erstanlage des Grabes. Bedenken Sie aber, daß das Grab bei einer Sargbestattung erst nach etwa einem Jahr endgültig bepflanzt werden kann, wenn sich die Erde gesetzt hat.

Traditionelle Friedhofspflanzen

Die gärtnerische Gestaltung des Grabes spielte lange Zeit eine sehr untergeordnete Rolle. Viel wichtiger schien es, die Toten und auch die Grabbesucher vor bösen Einflüssen zu schützen. Mit ihrem starken Duft, mit Stacheln und Dornen sollten die Grabpflanzen des Mittelalters böse Mächte abhalten – denn der Kirchhof galt als ein Ort, wo die Geister bevorzugt ihr Unwesen trieben. Durch die Missionierung kamen über die Klostergärten zahlreiche fremde Gewächse in die Bauerngärten und damit auch in die Kirchhöfe. Verbreitete Grabpflanzen waren:

• die Bertramsgarbe (*Achillea ptarmica*), auch Weißer Dorant genannt, ein altes »Beschreikraut«,
• der bitter-herbe Wermut (*Artemisia absinthium*), aus dem man in der Reformationszeit oft Kreuze band und aufs Grab steckte,
• die Raute (*Ruta graveolens*), die den Toten auch mit in den Sarg gegeben wurde und Hexen und Teufel vertreiben sollte,
• das Bilsenkraut (*Hyoscyamus niger*), das zu mancher Zauberei verwendet wurde,
• der Mäusedorn (*Ruscus aculeatus*), der mit seinen Dornen bei der Geisterabwehr behilflich sein sollte,
• der stark duftende Rosmarin (*Rosmarinus officinalis*), der gleichzeitig Krankheiten, Geister und Zauber abwehren sollte und in manchen Gegenden den Sargträgern als Schutz diente.
Aber auch viele andere Gewürzkräuter waren als Grabpflanzen verbreitet, so der Ysop (*Hyssopus officinalis*), das Basilienkraut, heute als Basilikum bekannt (*Ocimum basilicum*), oder das Pfefferkraut (*Satureja hortensis*), heute Bohnenkraut genannt.

Pflanzen mit Symbolcharakter

Neben der »Zauberkraft« war auch die symbolische Bedeutung bestimmter Pflanzen Grund dafür, daß sie zu typischen Grabpflanzen wurden. Eine der häufigsten Friedhofspflanzen war die Ringelblume (*Calendula officinalis*). Sie galt vielerorts als Totenblume, die man im Garten nicht haben wollte. In ihren ringförmig angeordneten Samen sah man ein Sinnbild für die Ewigkeit.
• Unsterblichkeit versinnbildlichten Pflanzen mit dauerhaften Blütenständen wie die Strohblumen (*Helichrysum bracteatum*) und die Silberimmortelle (*Anaphalis margaritacea*).
Auch immergrüne, langlebige Gehölze wie Efeu (*Hedera helix*), Immergrün (*Vinca minor*), Eibe (*Taxus baccata*), Buchsbaum (*Buxus sempervirens*) oder Wacholder (*Juniperus communis*) und die zählebige Hauswurz (*Sempervivum tectorum*) standen für das ewige Leben.
• Symbol des Todesschlafs war der Schlafmohn (*Papaver somniferum*).
• Reinheit und Unschuld symbolisierte vor allem die weiße Lilie (*Lilium candidum*) – ebenso Pflanzen mit wollig-weißem Überzug wie das Hornkraut (*Cerastium tomentosum*).
• Liebevolles Andenken sollten Vergißmeinnicht (*Myosotis sylvatica*), Gedenkemein (*Omphalodes verna*) und Rosen (*Rosa*-Arten) zum Ausdruck bringen. Eine weiße Rose stand aber oft auch für Tod und Vergänglichkeit.
• Die Bitterkeit des Todes versinnbildlichte der bitter schmeckende Wermut (*Artemisia absinthium*).
• Trauer um die Verstorbenen brachten die Trauerformen der Bäume mit ihren herabhängenden Zweigen zum Ausdruck, aber auch das Tränende Herz (*Dicentra spectabilis*).
• Und auf der »Himmelsleiter« (*Polemonium caeruleum*), auch »Jakobsleiter« genannt, sollten

die armen Seelen in den Himmel gelangen.

Mit der Zeit kamen zu diesen alten Kirchhofspflanzen immer häufiger Zierpflanzen mit rein dekorativem Charakter wie großblumige Stiefmütterchen (*Viola*-Wittrockiana-Hybriden) oder Chrysanthemen (*Chrysanthemum*-Arten), die erst im 19. Jahrhundert zu typischen Friedhofsblumen wurden.

Farben einst und heute

Neben der vermuteten Zauberwirkung und ihrem Symbolcharakter hatten die Farben der Friedhofspflanzen eine völlig untergeordnete Bedeutung. Für die Kleidung dagegen gelten in unserem Kulturkreis seit jeher Schwarz und auch Braun als Trauerfarben, während die Kirche Violett für Abschied und Trauer einsetzt.

Erst als die Pflanzen im vorigen Jahrhundert als Grabschmuck immer mehr dekorative Bedeutung bekamen, spielten auch ihre Farben eine größere Rolle.

Inzwischen werden für Grabstätten Pflanzen aller Farben und Formen verwendet und ganz nach persönlichem Geschmack und gestalterischen Überlegungen (→ Seite 14/15) ausgewählt. Einige der traditionellen »Kirchhofspflanzen« sind aber immer noch darunter.

Runde Herbstbepflanzung in Weiß-Blau – mit Zierkohl.

Runde Herbstbepflanzung mit Besenheide, Gräsern und Steinen.

Praxis: Reihengräber gestalten

Beim Reihengrab gilt für die Bepflanzung: Weniger ist mehr. Denn die schmale Fläche wirkt schnell überladen.

Bepflanzung
Zeichnungen 1a und 1b

Setzen Sie die drei Gestaltungselemente Rahmenpflanzen, Bodendecker und Saisonblumen sehr überlegt ein, damit Sie eine ruhige und harmonische Bepflanzung erreichen. Allgemeine Hinweise zur Aufteilung der Grabfläche und zur farblichen Gestaltung finden sie auf Seite 14/15.

Rahmenbepflanzung. Auf einem Reihengrab ist meist nur für ein bis zwei Rahmenpflanzen Platz. Die Auswahl der Gehölze oder Stauden und ihre Plazierung richtet sich vor allem nach der Breite des Grabmals.

• Schmale Grabzeichen kann man links und rechts mit schlanken, unterschiedlich hohen Solitärpflanzen rahmen (→ Zeichnung 1a).

• Bei breiteren Grabsteinen bietet sich eine Hinterpflanzung an (→ Zeichnung 1b). Flachwachsende Zwerggehölze kann man aber auch vor das Grabmal setzen. Sie sollten die Inschrift allerdings nicht zu sehr verdecken.

• Kreuze aus Holz oder Schmiedeeisen wirken reizvoll in der Nachbarschaft einer Strauchrose.

Saisonbepflanzung und Bodendecker. Blühende Saisonpflanzen kommen am besten zur Geltung, wenn sie in klarer geometrischer Form angeordnet sind. Beim Reihengrab empfiehlt es sich, die Fläche für die Saisonblumen nur mit einer einzigen Blumensorte zu bepflanzen. Das Beet kann direkt an das Grabmal an-

2 Höhere Gestecke kommen vor dem Grabmal schön zur Geltung.

schließen oder auch einen Kontrapunkt hierzu setzen. Auf manchen Friedhöfen ist für die Reihengrab-Abteilungen ein einheitlicher Bodendecker vorgeschrieben. **Mein Tip:** Die Wirkung der Saisonblumen läßt sich zusätzlich unterstreichen, wenn man sie mit silberblättrigen Pflanzen einrahmt (→ Zeichnung 1a).

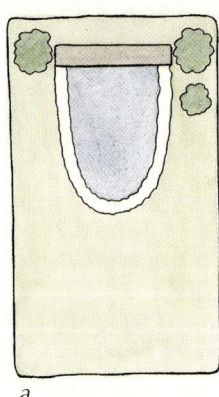
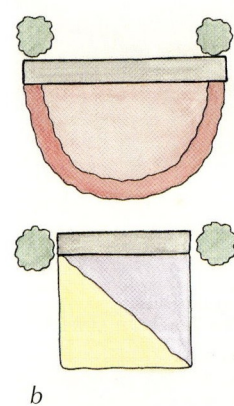

a

b

1 Bepflanzung.
a Saisonbeete kann man mit silberblättrigen Pflanzen einrahmen.

b Rahmenpflanzen kommen je nach Platz hinter oder neben das Grabmal.

3 Körbe mit Hölzern unterlegen, damit sie nicht faulen.

4 Gestecke nicht zu lange auf dem Bodendecker liegen lassen.

5 Kränze eignen sich für verschiedenartigste Grabsituationen.

Grabschmuck
Zeichnungen 2 bis 6

Mobile Pflanzen-Arrangements sind zu jeder Jahreszeit ein liebevolles Element auf dem Grab. Einen besonderen Zierwert besitzen sie jedoch im Winterhalbjahr, wenn die Saisonpflanzen abgeräumt sind. Dann empfiehlt es sich, diese Fläche für Gestecke, Kränze oder Sträuße zu nutzen.
Mein Tip: Mobiler Grabschmuck kann auch auf robusten Bodendeckern abgelegt werden. Aber nicht alle bodendeckenden Arten vertragen eine längere Abdeckung gleich gut. (→ Seite 54).

Wintergesteck.
(→ Zeichnung 2)
Ein höher gestaltetes längliches Gesteck kommt im hinteren Teil des Grabes am besten zur Geltung und wirkt direkt vor dem Stein besonders schön.
Mein Tip: Verwenden Sie für Wintergestecke nur frostbeständige Gefäße.
Bepflanzter Korb.
(→ Zeichnung 3)
Auf einer kreisrunden Fläche macht sich auch ein rundes Gefäß besonders gut. In diesem Korb verbirgt sich eine winterhart bepflanzte Schale. Einen solchen Korb aber immer mit zwei Hölzern unauffällig unterlegen, damit das Flechtwerk nicht von unter her fault.

Sommergesteck.
(→ Zeichnung 4)
Ein sommerliches Blumengesteck für besondere Gedenktage können Sie ohne weiteres auf dem Bodendecker plazieren, da seine Lebensdauer meist recht begrenzt ist. Farblich unauffälliger Grabschmuck kommt hier allerdings wenig zur Geltung. Blütengestecke wie dieses wirken auch auf einem liegenden Grabstein sehr attraktiv.
Grabkranz.
(→ Zeichnung 5)
Kränze eignen sich besonders gut als Pflanzenschmuck für liegende Grabsteine. Im Winterhalbjahr kann man sie auch auf das Saisonbeet legen.

Wunderschön machen sie sich auch an einem Grabkreuz (→ Foto, Umschlagseite 1) oder an einer schmalen Stele.
Steckvase aus Ton.
(→ Zeichnung 6)
Eine schöne Alternative zu Steckvasen aus Plastik sind Exemplare aus Ton, die in einem geschmiedeten Dreifuß stehen. Diese Vasen können ohne weiteres auch längere Zeit auf dem Bodendecker stehen. Besonders elegant wirken Sträuße, deren überhängende Ranken den Vasenrand überspielen.

6 Steckvasen mit überhängenden Ranken von Kletterpflanzen dekorieren.

Praxis: Wahlgräber gestalten

Wahlgrabstätten sind meist zwei- oder mehrstellig. Sie lassen deshalb eine großzügigere Gestaltung zu als Reihen- und Urnengräber.

Bepflanzung
Zeichnungen 1 und 2

Allgemeine Hinweise zur Aufteilung der Grabfläche und zur farblichen Abstimmung, → Seite 14/15.
Rahmenbepflanzung.
Orientieren Sie sich bei der Auswahl der Rahmenpflanzen vor allem an Größe und Position des Grabmals. Meist wird die Umrahmung hier in verschiedenen Höhen gestaffelt angelegt: Hinter und neben das Grabmal setzt man höhere Solitärpflanzen und vor diese ein bis zwei flacher wachsende, die einen harmonischen Übergang zur ebenen Beetfläche schaffen.
Bodendecker.
Sie bilden auch bei diesem Grabtyp die Grundbepflanzung. Bei größeren Gräbern erreichen Sie eine schöne Aufteilung der Fläche, wenn Sie zwei verschiedene Bodendecker kombinieren. Apart wirkt dann ein schmaler Trennstreifen aus Pflanzen mit graugrünem Blattwerk (→ Zeichnung 1).
Saisonbepflanzung.
Beim größeren Wahlgrab können Sie die Fläche für den jahreszeitlich wechselnden Blumenschmuck in Größe, Form und Lage sehr variabel gestalten. Auch hier bietet sich eine geometrische Beetform an. Bei breiteren Grabstätten hat das Grabmal seinen Schwerpunkt meist in der rechten oder linken Hälfte. Ein optisches Gegengewicht schaffen Sie hier, wenn Sie das Saisonbeet in der anderen Grabhälfte anlegen (→ Zeichnung 1). Die Wirkung der Blütenpflanzen wird zusätzlich unterstrichen, wenn man sie so anordnet, daß eine Blütenfarbe die zweite einrahmt (→ Zeichnung 2). Achten Sie aber darauf, daß das Blumenbeet für Pflegearbeiten vom Rand aus gut zu erreichen ist, oder lassen Sie ein bis zwei Trittplatten in die Grabfläche ein.

1 *Bepflanzung mit zweierlei Bodendeckern.*
Verschiedene Bodendecker kann man durch bepflanzte Trennstreifen klar voneinander abheben.

2 *Saisonbeet.*
Die Saisonblumen kommen gut zur Geltung, wenn sie in geometrischen Formen gepflanzt werden und eine Blütenfarbe die andere einrahmt.

Grabschmuck
Zeichnungen 3 bis 6

Für ein mehrstelliges Wahlgrab kann auch der mobile Grabschmuck großzügiger ausfallen.

Rosengebinde.
(→ Zeichnung 3)
Rosen trocknen im Herbst ein, behalten aber ihre Farbe und Form meist noch recht lange. Dieses breit gearbeitete Gebinde wirkt auf dem Sockel eines Grabsteins oder auf einer Grabplatte besonders dekorativ. Die Grundlage bildet hier ein Bündel unbelaubter Zweige, in dessen Mitte eine Steckhilfe eingebunden ist. Eine breite Schleife im Farbton der Rosen hält das Ganze zusammen.

Hängender Kranz.
(→ Zeichnung 4)
Ein solcher asymmetrisch gestalteter Kranz aus Weiden- und Birkenzweigen mit seitlich herabhängenden Ranken wird am Grabmal aufgehängt.
Mein Tip: Frische Blumen in Kranzdekorationen halten länger, wenn man für sie kleine wassergefüllte Reagenzgläser als Väschen eindrahtet.

Allerheiligen-Gesteck.
(→ Zeichnung 5)
Den ganzen Winter über schmückt dieses Gesteck aus immergrünen Zweigen und Trockenblumen die Fläche, die sonst die Saisonblumen einnehmen.

Wichtig: Nur Gefäße mit Abzugsloch nehmen, damit das Regenwasser abfließen kann.

Hortensien-Pokal.
(→ Zeichnung 6)
Edle Gefäße, saisonal bepflanzt, können die Beetbepflanzung ersetzen. Sie machen sich aber auch sehr gut auf einer eigens dafür vorgesehenen Steinplatte. Diese rosafarbenen Hortensien (*Hydrangea macrophylla*) blühen bis in den Juli, brauchen aber Halbschatten.
Pflanz-Tip: In einen Pokal von etwa 30 cm Durchmesser passen je nach Ballengröße 2 bis 3 Hortensien. Schön wirkt eine Unterpflanzung mit hängenden Gewächsen wie dem silbergrauen Schönkopf (*Calocephalus brownii*) oder intensivblauen Lobelien (*Lobelia erinus*).

4 Kränze mit herabhängenden Ranken werden aufgehängt.

5 Winterliche Gestecke zieren das Saisonbeet in der kalten Jahreszeit.

3 Rosengebinde.
Sie wirken auf dem Sockel eines Grabsteins oder auf einer Grabplatte besonders schön.

6 Bepflanzter Pokal statt Beetbepflanzung. Hortensien mit Schönkopf.

Praxis: Urnengräber gestalten

Wie für Erdbestattungen gibt es auch für Feuerbestattungen ein- und mehrstellige Grabstätten. Urnengräber haben aber kleinere Seitenmaße und meist eine quadratische Form. Häufig tragen sie liegende Grabsteine, so daß nur eine sehr begrenzte Pflanzfläche zur Verfügung steht.

Bepflanzung
Zeichnungen 1 und 2

Bei dieser kleinsten Grabform ist deshalb eine besonders sparsame und niedrigwüchsige Bepflanzung erforderlich. Oft wird beim Urnengrab auch entweder auf Rahmenpflanzen oder auf ein Saisonbeet verzichtet.

Bodendecker.
Robuste, niedrigwachsende Pflanzen sorgen auch bei diesem Grabtyp für die Grundbepflanzung. Bei Urnen-Reihengräbern ist vielfach eine einheitliche Art vorgeschrieben.

Mein Tip: Bei leicht schräg stehenden Kissensteinen können Sie die bodendeckenden Pflanzen im gleichen Neigungswinkel beschneiden. Dies erfordert zwar etwas Aufwand bei der Pflege, wirkt aber besonders apart.

Saisonpflanzen.
Wegen der begrenzten Fläche eines Urnengrabs empfiehlt es sich, die Saisonbepflanzung direkt an Grabplatte oder -stein anzuschließen. Besonders schön wirkt es, wenn man die Blumen über Eck pflanzt (→ Zeichnungen 1 und 2). Alternativ zum Saisonbeet können Sie aber auch mit einem niedrig bepflanzten Gefäß einen farbigen Akzent

setzen. Auch zwei rechteckige, bepflanzte Kästen, über Eck an den Rand der Grabplatte gestellt, wirken sehr dekorativ.

Rahmenbepflanzung.
Bei einem Urnengrab mit liegendem Kissenstein ist meist nur Platz für ein einzelnes niedriges oder polsterartiges Solitärgewächs als Rahmenpflanzung (→ Zeichnung 1). Besonders unter den Koniferen gibt es viele reizende Zwerggehölze wie Igelfichte (*Picea abies* 'Echiniformis'), Kissenmispel (*Cotoneaster adpressus*) oder Blauer Zwergwacholder (*Juniperus squamata* 'Blue Star'), die für diese kleine Fläche wie geschaffen sind. Bei einem aufrechten Grabmal kann die Rahmenbepflanzung etwas höher ausfallen. Allgemeine Hinweise zur farblichen Abstimmung von Stein und Pflanzen finden Sie auf Seite 14/15.

1 *Bepflanzung mit Bodendeckern und Blumen.*
Rahmenpflanzen und Saisonbeet umgeben den liegenden Grabstein.

2 *Im Kreis gepflanzt* kommen auch wenig Blumen zur Geltung.

Grabschmuck
Zeichnungen 3 bis 6

Für Urnengräber sollten auch mobile Pflanzen-Arrangements wie Gestecke, Kränze und Pflanzgefäße etwas kleiner gewählt werden als für größere Grabstätten. Dieser Pflanzenschmuck kann oft sehr schön auf dem Kissenstein plaziert werden, sollte die Inschrift aber nicht völlig verdecken.

<u>Liegender Kranz.</u> (→ Zeichnung 3) Ein kleinerer Grabkranz macht sich auf einem liegenden Kissenstein besonders gut. Achten Sie der Umwelt zuliebe aber darauf, daß der Kranzreif aus verrottendem Material ist.

<u>Kreuz und Herz.</u> (→ Zeichnungen 4 und 5) Symbolhafte Formgestecke werden gerne zu besonderen Gedenktagen aufs Grab gelegt. Kreuz und Herz sind in diesem Beispiel für einen Gedenktag im Sommer gestaltet. Kräftige Farben wurden für das Kreuz gewählt, verhalten wirkt dagegen das Herz in

3 <u>Herbstkränze</u> aus vorwiegend Immergrünen bleiben lange dekorativ.

4 <u>Formgestecke</u> – wie Kreuz oder Herz – haben eine Spezial-Unterlage.

5 <u>Sommergestecke</u> aus vielen Blumen ausreichend wässern.

sanftem Rosa und Weiß. Die Unterlagen für Formgestecke sind im Fachhandel erhältlich.

<u>Frühlingskasten.</u> (→ Zeichnung 6) Eine besonders farbenfrohe Alternative zum Saisonbeet ist dieser mit den ersten Frühlingsboten bepflanzte Kasten. Hierfür bietet sich zum Beispiel der Platz oberhalb eines liegenden Grabsteins an. Für ein Urnengrab sollten Sie allerdings kein zu hohes Gefäß verwenden und es mit niedrigwachsenden Pflanzen bestücken. Für dieses Beispiel wurden Wildtulpen (*Tulipa greigii*), Zwergnarzissen (*Narcissus cyclamineus*)

und Blausternchen (*Scilla sibirica*) gewählt. In die kleinen Lücken kann man zusätzlich einige Maßliebchen (*Bellis perennis*) setzen. Weitere Möglichkeiten: Natürlich eignen sich auch Sträuße als Grabschmuck für Urnengräber. Sie kön-

nen auf dem Stein abgelegt oder in eine Vase gestellt werden. Gefäße und Sträuße sollten aber nicht zu groß ausfallen, damit sich ein harmonisches Gesamtbild ergibt.

6 <u>Bepflanzter Kasten.</u> Für Urnengräber möglichst niedrigwachsende Sorten und flache Gefäße verwenden.

Mobiler Blumenschmuck – wie Kranz und Strauß – verleiht großen Stein-Grabmalen Frische und Farbe.

Grabschmuck selbstgemacht

Friedhofsgärtnereien führen heute ein vielfältiges Angebot an jahreszeitlich gestaltetem Grabschmuck. Sie fertigen eine Dekoration aber auch nach Ihren ganz persönlichen Wünschen an. Wer jedoch den Grabschmuck selbst gestalten möchte, findet in den folgenden Hinweisen und in den phantasievollen Gestaltungs-Beispielen auf Seite 34 bis 47 Anregungen und Hilfe.

Einen Kranz binden

Grundlage hierfür ist immer der Kranzreif, den es in unterschiedlichen Größen und Materialien zu kaufen gibt. Selbermachen können Sie ihn aus biegsamen Zweigen (Weide, Haselnuß) oder auch aus zusammengedrehtem Papier. Beides wird mit Draht umwickelt. Liegende und hängende Kränze werden meist so gebunden, daß die Unterseite des Kranzkörpers flach bleibt. Wichtig ist auch ein harmonisches Verhältnis von Kranzkörper und Kranzöffnung. Ideale Proportionen hat ein Kranz, wenn die Öffnung genauso bis anderthalbmal so groß ist wie der Durchmesser des Kranzkörpers.

7 Schritte zum Kranz

1. Das Bindegrün zurechtschneiden. Die Zweige für den Anfang müssen etwas länger sein als die übrigen!
2. Bindedraht am Kranzreif anwickeln.
3. Die ersten Stielenden an den Reif legen und die Drahtrolle 2- bis 3mal um die Stiele führen.
4. Die weiteren Zweige mit wenig Abstand gleichmäßig dicht um den Reif binden.
5. Zum Schließen des Kranzes die ersten Zweige zurückbiegen und die letzten Stielenden nah an der ersten Bindestelle befestigen.
6. Draht abkneifen und in den Kranzkörper stecken.
7. Den Kranz nach Wunsch mit Ranken umwinden oder mit frischen Blumen oder Trockenschmuck dekorieren. Längere Stiele eventuell mit einem Steckdraht verstärken und parallel zu den Zweigen stecken.

Ein Grabgesteck arrangieren

Grabgestecke lassen sich mit Schnitt- oder Trockenblumen, mit dekorativem Zweigwerk und Fruchtständen aller Art gestalten. Grundsätzlich sollten Sie hierfür nur Pflanzen verwenden, die nicht allzu empfindlich oder kurzlebig sind.
Um dem Arrangement Halt zu geben, benötigt man immer eine feste Unterlage.
• Binden Sie als Unterlage einige kräftige Zweige flach zusammen, oder verwenden Sie ein passendes Holzbrett.
• Hierauf die Steckmasse binden oder nageln.
• Das Pflanzenmaterial nun von hinten nach vorne in der Höhe gestaffelt einstecken.
• Stiele und Zweige schräg anschneiden, damit sie sich leichter »verankern« lassen.
Mein Tip: Auch Schalen sind als Standhilfe für Gestecke sehr praktisch. Kieselsteine oder Sand darin kann Ihnen als Steckhilfe dienen.

Die wichtigsten Hilfsmittel

Wer Grabschmuck öfter selbst gestaltet, benötigt für das Zuschneiden der Pflanzen eine Baum- oder Rosenschere, eine Allzweckschere und ein kleines Messer. Für Kränze brauchen Sie außerdem Wickeldraht und eine Kneifzange. Zum Befestigen von Kerzen, Zapfen und langstieligen Blumen leisten Steckdrähte gute Dienste.
Kranzreif, Steckhilfe und Pflanzen für die Grabdekoration bekommen Sie in Blumen- und Bastelgeschäften.

Tips zur Bepflanzung

Pflanzen, die viele Jahre auf dem Grab wachsen sollen, müssen robust, winterhart und schwachwüchsig sein. Wichtig für das gute Gedeihen ist es auch, daß Sie bei der Pflanzenwahl die Licht- und Bodenverhältnisse des Grabes berücksichtigen. Für ein vollsonniges Grab sollten Sie also andere Gewächse wählen als für ein ständig beschattetes.

Die Bodenverhältnisse können auf der kleinen Grabfläche meist durch Beigaben von Kompost, Torf und organischem Dünger so verändert werden, daß Sie den Ansprüchen der ausgewählten Pflanzen gerecht werden. Laub- und Nadelgehölze bevorzugen im allgemeinen einen eher neutralen bis leicht sauren Boden. Die Tabellen auf Seite 28 bis 31 nennen Ihnen die gängigsten Friedhofsgewächse und informieren Sie über Wuchsverhalten, Lichtbedürfnisse und besondere Ansprüche der verschiedenen Pflanzen. Aber auch die Friedhofsgärtnerei wird Sie über neue, verbesserte Züchtungen gern informieren.

Die richtige Pflanzzeit

<u>Dauerbepflanzung</u>: Gehölze und Stauden pflanzt man im Frühjahr und Herbst. Auch Containerware, die grundsätzlich das ganze Jahr über gesetzt werden kann, wächst in dieser Zeit am besten an.

<u>Wechselbepflanzung</u>: Mit Saisonblumen können Sie das Grab fast rund ums Jahr bepflanzen.
• Von März an können vorgezogene Frühjahrsblüher wie Primeln oder Stiefmütterchen gesetzt werden.
• Pflanzzeit für Zwiebelgewächse wie Narzissen und Tulpen ist im September/Oktober des Vorjahres.
• Mit dem Einpflanzen von Sommerblumen wartet man am besten bis nach den Eisheiligen Mitte Mai.
• Und im Herbst können dann noch einmal Chrysanthemen, Eriken oder Christrosen gepflanzt werden.

Aufgepaßt beim Pflanzenkauf

Vor dem Gang zur Friedhofsgärtnerei oder Baumschule sollten Sie sich genau überlegen, wie Sie das Grab bepflanzen möchten (→ Seite 14/15). Stellen Sie die ausgewählten Gewächse ruhig einmal zusammen, und überprüfen Sie vor dem Kauf, ob die Pflanzen harmonieren. Gehölze und Stauden werden in der Regel als Ballen- oder Containerware angeboten. Achten Sie darauf, daß der Ballen gut durchwurzelt ist und die Pflanzen gesund und frei von Schädlingen sind.

Die richtige Pflanzenzahl

Vor allem bei Bodendeckern ist es wichtig, die richtige Anzahl zu setzen, damit die Bepflanzung von Anfang an einen geschlossenen Eindruck macht. Zu weit auseinander gesetzte Bodendecker verunkrauten leicht, während zu eng gepflanzte schnell kümmern. Angaben zur empfohlenen Pflanzdichte finden Sie in der Tabelle auf Seite 30.

Die Zahl von Rahmenpflanzen und Saisonblumen richtet sich ganz nach der Größe des Grabes und der vorgesehenen Beetfläche.

Mein Tip: Messen Sie vor dem Pflanzenkauf die Grabfläche ab, und verlassen Sie sich nicht auf die Angaben in Ihrem Nutzungsvertrag. Die Friedhofsverwaltungen geben nämlich meist Bruttoflächen der Gräber an, von denen Wege und Einfassungen noch abzuziehen sind.

Bodenvorbereitung und Pflanzung

Sehr schwere lehmige und besonders leichte sandige Böden können Sie mit Kompost verbessern. Vor dem Pflanzen sollten auch organische Dünger wie Hornspäne oder Steinmehl in die Erde eingearbeitet werden.

Pflanztips für Gehölze:

• Das Pflanzloch muß so groß sein, daß der Wurzelballen gut darin Platz hat.

• Containerware vor dem Pflanzen aus dem Topf nehmen, bei Ballenware das Tuch nicht entfernen, nach dem Einsetzen aber die Knoten lösen.

• Die Pflanzen nicht zu tief einsetzten, damit die unteren Triebe nicht faulen.

• Erde gleichmäßig um den Ballen verteilen.

• Ein kleiner »Wall« rund um die Pflanzstelle verhindert, daß das Gießwasser abläuft.

• Anschließend die Erde andrücken und gründlich wässern.

Mein Tip: Gehölze müssen im ersten Jahr nach der Pflanzung regelmäßig gegossen werden. Immergrüne Arten brauchen auch im Winter von Zeit zu Zeit Wasser, denn »Frostschäden« entstehen bei ihnen vor allem durch Trockenheit.

Bodendecker – Zwergmispel.

Bodendecker – Steinbrech.

Bodendecker – Efeu.

Bepflanzte Gefäße

Als Alternative zum Saisonbeet können Sie das Grab auch mit jahreszeitlich bepflanzten Schalen und Kästen schmücken. In der Regel nimmt man hierfür robuste Gefäße in schlichten Formen. Im Fachhandel sind aber auch Schalen und Kästen aus verrottendem Material (→ Fotos, Seite 40/ 41) erhältlich, die ohne weiteres eine Vegetationsperiode überstehen.

Für den Friedhof werden Schalen vielfach nur mit einer einzigen Art wie Primeln (*Primula vulgaris*) oder Begonien (*Begonia*-Knollenbegonien-Hybriden) ein- oder zweifarbig bepflanzt. Sie können aber auch eine hohe Leitpflanze mit niedrigeren Gewächsen unterpflanzen. Im Sommer eignen sich hierfür zum Beispiel eine stehende Pelargonie (*Pelargonium*-Grandiflorum-Hybride) mit Lobelien (*Lobelia erinus*) darunter, im Winter Wacholder (*Juniperus squamata*) mit Schneeheide (*Erica carnea*). Achten Sie aber darauf, daß Sie nur Pflanzen mit ähnlichen Ansprüchen zusammensetzen. (Hinweise zum Bepflanzen von Kästen und Schalen → Seite 54).

NADELGEHÖLZE FÜR GRÄBER

Name	Blattfarbe	Wuchsform	Höhe in m	Breite in m	Standort	Bemerkungen
Abies balsamea 'Nana' Zwergbalsamtanne	dunkelgrün	kugelig	0,7-1	1,5-2	◑	für feuchtere Standorte
Chamaecyparis lawsoniana 'Minima Glauca', Kissenzypresse	grünblau	kugelig	0,8-1	0,5	○ – ◑	für feuchte Standorte, schnittverträglich
Juniperus communis 'Hornibrooki' Polsterwacholder	hellgrün	polsterförmig	0,5	1,5	○	für mäßig trockene Standorte
Juniperus squamata 'Blue Star' Blauer Zwergwacholder	silbrigblau	halbkugelig	0,7-1	1,5	○	für mäßig trockene Standorte
Picea abies 'Echiniformis' Igelfichte	gelbgrün bis graugrün	kissenförmig	0,3-0,5	0,8-1	○	für feuchte Standorte
Picea abies 'Nidiformis' Nestfichte	hellgrün	nestförmig	0,6-1,0	1,5	○	für feuchte Standorte
Picea abies 'Pumila Glauca' Blaue Pummelfichte	blaugrün	flachkugelig	0,6-1	1	○	für feuchte Standorte
Picea abies 'Pygmaea' Gnomenfichte	frischgrün	breit-kegelförmig	1,5	1,5	○	für feuchte Standorte
Picea glauca 'Echiniformis' Blaue Igelfichte	blaugrün	kugel- bis kissenförmig	0,5	0,8	○	für kühlfeuchte Standorte
Pinus mugo 'Mops' Kugelkiefer	dunkelgrün	kugelig	0,8	1,2	○	für feuchte bis halb-trockene Standorte
Pinus mugo ssp. *pumilio* Kriechkiefer	dunkelgrün	flachkugelig	1,5	1,5	○	für feuchte bis mäßig trockene Standorte
Pinus pumila 'Glauca' Blaue Kriechkiefer	blaugrün	flachkugelig	1,5	2.0	○	für feuchte bis mäßig trockene Standorte
Taxus baccata 'Repandens' ☠ Kisseneibe	dunkelgrün	kissenförmig	0,5	2,5	◑ – ●	feuchte Standorte, schnittverträglich
Taxus cuspidata 'Nana' ☠ Zwergeibe	graugrün	aufrecht eiförmig	1,5	0,8	◑ – ●	feuchte Standorte, schnittverträglich
Thuja occidentalis 'Recurva ☠ Nana', Zwerglebensbaum	grün, winterbraun	kegelförmig	2	2	○	keine stark sauren Böden, schnittverträgl.
Tsuga canadensis 'Nana' Kissen-Hemlocktanne	dunkelgrün	nestförmig	1	2	○ – ◑	feuchte Standorte, keine Mittagshitze

IMMERGRÜNE LAUBGEHÖLZE FÜR GRÄBER

Name	Blattfarbe	Wuchsform	Höhe in m	Breite in m	Standort	Bemerkungen
Berberis candidula Kissenberberitze	dunkelgrün (Blüte gelb)	breitkugelig	0,6	1	○ – ◑	Triebe gedornt, schnittverträglich
Berberis thunbergii 'Verrucandi' Silberberberitze	dunkelgrün (Blüte gelb)	breitkugelig Zweige überh.	1	0,6	○ – ◑	verträgt Trockenheit und Schnitt
Buxus sempervirens ☠ 'Suffruticosa', Buchs	frischgrün	eiförmig	0,6	0,3	○ – ●	schnittverträglich
Cotoneaster salicifolius 'Herbstfeuer', Kriechmispel	dunkelgrün (Blüte weiß)	niedrig Triebe hängend	0,4	1,0	○ – ◑	verträgt Trockenheit, hellrote Früchte
Ilex crenata 'Stokes' Niedriger Berg-Ilex	dunkelgrün (Blüte weiß)	nest- bis kissenförmig	0,5	0,8	○ – ◑	Blattdornen, rote Früchte, schnittvertr.

Nadel- und Laubgehölze

Name	Blattfarbe	Wuchsform	Höhe in m	Breite in m	Standort	Bemerkung
Mahonia aquifolium Mahonie	glänzend grün (Blüte gelb)	breitbuschig	1	1	○ – ●	Blatter dornig gezähnt, schwarze Früchte
Pernettya mucronata Torfmyrte	glänzend grün (weiß-rosa)	aufrecht buschig	1	0.5	◐ – ●	für saure Böden, frostempfindlich
Pieris japonica ☠ Schattenglöckchen	dunkelgrün (cremeweiß)	aufrecht überhängend	2	2	◐ – ●	für saure Böden, graubraune Früchte
Prunus laurocerasus ☠ 'Otto Luyken', Lorbeerkirsche	dunkelgrün (Blüte weiß)	breitbuschig	1	1,5	○ – ◐	schwarze Beeren
Pyracantha coccinea 'Soleil d'Or', Feuerdorn	dunkelgrün (Blüte rot)	breitbuschig Triebe bedornt	1,5	2	○ – ◐	kalkliebend, Triebe bedornt
Rhododendron forrestii ☠ Flacher Rhododendron	sattgrün (Blüte rot)	breitrund	0,6	1,0	○ – ●	für saure Böden
Skimmia japonica Frucht-Skimmie	frisch grün (gelbweiß)	breitkugelig	0,6	0,6	○ – ◐	rote Früchte

SOMMERGRÜNE LAUBGEHÖLZE FÜR GRÄBER

Name	Blattfarbe	Wuchsform	Höhe in m	Breite in m	Standort	Bemerkungen
Acer palmatum 'Dissectum Viridis' Japanischer Schlitzahorn	sattgrün überhängend	halbkugelig	1,5	2	○ – ◐	auch rotblättrige Formen im Handel
Berberis thunbergii 'Atropurpurea Nana', Kleine Blutberberitze	rotbraun (Blüte gelb)	breitkugelig	0,5	0.8	○	rote Herbstfärbung, schnittverträglich
Caryopteris x clandonensis Bartblume	silbrig grün (Blüte blau)	breitbuschig	1	0,8	○	braucht Wind- und Frostschutz
Corylopsis pauciflora Scheinhasel	hellgrün (Blüte gelb)	breitbuschig	1,5	1,5	○ – ◐	verträgt keinen Rückschnitt
Cotoneaster adpressus Kissenmispel	stumpfgrün (Blüte rot)	niedrig, fast kriechend	0,25	1	○	rote Früchte
Cytisus x kewensis Niedriger Elfenbeinginster	mattgrün (Blüte gelb)	breitbuschig, Triebe überh.	0,5	0,5	○	schöner Blüten-strauch
Daphne mezereum ☠ Seidelbast	graugrün (Blüte rot)	aufrecht, mäßig verzweigt	1	0,5	○ – ◐	kalkliebend, feuchtere Standorte
Deutzia gracilis Maiblumenstrauch	stumpfgrün (Blüte weiß)	aufrecht bis leicht überh.	0,5	0,8	○ – ◐	Rückschnitt nach Blüte fördert Blütenreichtum
Genista lydia ☠ Steinginster	mattgrün (Blüte gelb)	bogig überhängend	0,5	0,8	○	Rückschnitt nach Blüte fördert Blütenreichtum
Hibiscus-Syriacus-Hybriden Garten-Eibisch	hellgrün (weiß, violet)	aufrecht, buschig	2,0	0,8	○	in rauhen Lagen Frostschutz nötig
Hydrangea-Hybriden Hortensie	frischgrün (weiß, rot, blau)	kugelförmig breitbuschig	bis 1,5	1	○	in rauhen Lagen Frostschutz nötig
Magnolia stellata Sternmagnolie	hellgrün (Blüte weiß)	breitbuschig	2	2	○	möglichst nicht schneiden
Potentilla fruticosa Fingerstrauch	graugrün (weiß, gelb, rot)	breitbuschig	1	1	○	bei zuviel Kalk gelbe Blattverfärbungen
Rosa-Arten/Sorten Gartenrose	hell- bis dunkelgrün	schwachwüch-sige Formen	0,25-1,5	0,25-0,6	○	Triebe im Herbst anhäufeln
Spiraea decumbens 'Little Princess' Rosa Zwergspiere	hellgrün (Blüte rosa)	niedrig polsterförmig	0,4	0,5	○	Frühjahrsschnitt fördert Blütenbildung

IMMERGRÜNE BODENDECKER FÜR GRÄBER

Name	Blattfarbe	Höhe in cm	Pflanzen pro m²	Standort	Bemerkungen
Acaena microphylla 'Kupferteppich' Stachelnüßchen	rötlichgrün	5-10	25-30	◐	Staude, in rauhen Lagen Winterschutz
Armeria maritima Grasnelke	dunkelgrün	10	20	○	Staude, rote Blüten im Mai/Juni
Cotoneaster dammeri 'Streibs Findling', Zwergmispel	dunkelgrün	5-10	25-30	○ – ●	Gehölz, rote Beeren
Cotula squalida Fiederpolster	braungrün	3-5	20-25	○ – ◐	Staude, wächst rasenartig
Dryas x suendermannii Silberwurz	graugrün	10	15-20	○	bildet fedrige Samenstände
Euonymus fortunei 'Minimus' ☠ Kriechspindel	grün	10	25-30	○ – ●	Gehölz, keine auffällig gefärbten Sorten
Hedera helix-Sorten ☠ Efeu	hell- bis dunkelgrün	5-20	18-25	◐ – ●	Gehölz, auch kletternd
Juniperus horizontalis 'Glauca' Blauer Kriechwacholder	blaugrün	10	9-12	○	Gehölz
Pachysandra terminalis ☠ Dickmännchen	olivgrün	20	25-30	◐ – ●	Gehölz, bildet Ausläufer
Polygonum affine Knöterich	dunkelgrün	5 10	15-18	○ – ◐	Staude, weißrosa Blüten im Juni
Sagina subulata Sternmoos	dunkelgrün	5	25-30	○ – ◐	Staude, wächst rasenartig, weiße Blüten
Saxifraga umbrosa Steinbrech	dunkelgrün	15	20-25	○ – ●	Staude, weißrosa Blüten im Mai
Sedum-Arten und -Hybriden Mauerpfeffer	hell- bis graugrün auch rötlich	10-15	20-25	○ – ●	Staude, weiße, gelbe oder rote Blüten
Thymus serpyllum Thymian	mattgrün	5	20-25	○	Staude, weiße bis rote Blüten im August
Vinca minor Immergrün	dunkelgrün	10-15	25-30	○ – ●	Gehölz, blaue Blüten im Mai
Waldsteinia ternata Golderdbeere	olivgrün	10-15	15-20	◐ – ●	Staude, gelbe Blüten im Mai

SAISONBLUMEN FÜR GRÄBER

Name	Blütenfarbe	Blütezeit	Höhe in cm	Standort	Bemerkungen
Ageratum houstonianum Leberbalsam	blau, violett, rosa, weiß	VI-X	10-15	○	einjährig
Begonia-Semperflorens-Hybriden Eisbegonie	weiß, rosa, rot	V-X	12-20	○ – ◐	einjährig, auch Hybriden mit dunklem Laub
Begonia-Knollenbegonien-Hybriden Knollenbegonie	gelb, weiß, rosa, rot, auch gefüllt	V-X	20-30	○ – ◐	einjährig, anfällig für Echten Mehltau
Bellis perennis Maßliebchen	weiß, rosa, rot	III-VI	15	○	zweijährig
Calceolaria integrifolia Pantoffelblume	gelb	V-IX	30-40	○ – ◐	einjährig, anfällig für Blattläuse

Bodendecker und Saisonblumen

Name	Blütenfarbe	Blütezeit	Höhe in cm	Standort	Bemerkungen
Callistephus chinensis Sommeraster	weiß, rosa, rot, blau	VII -X	20-50	○	einjährig, gegen Welke resistente Sorten
Chrysanthemum-Indicum-Hybriden Chrysantheme	viele Farben	IX-XII	30-35	○	einjährig
Erica gracilis Topfheidekraut	weiß, rosa, rot	IX-XII	20-40	○ – ◑	Gehölz, bei uns nicht winterhart
Fuchsia-Hybriden Fuchsie	viele Farben	V-X	25-50	○ – ◑	Gehölz, bei uns nicht winterhart
Heliotropium arborescens Sonnenwende	violett	V-X	30-40	○	Blüte duftet nach Vanille
Helleborus niger ☠ Christrose	weiß, rötlich	XII-III	20-30	◑	Staude, mag kein häufiges Verpflanzen
Hyacinthus orientalis Hyazinthe	viele Farben	IV-V	25	○	Zwiebelgewächs
Impatiens walleriana Fleißiges Lieschen	viele Farben	VI-IX	20-30	◑	Staude, bei uns nicht winterhart
Lantana-Camara-Hybriden ☠ Wandelröschen	viele Farben	VI-IX	20-30	○	Gehölz, bei uns nicht winterhart
Lobelia erinus Lobelie	blau, weiß	V-VIII	10-15	○ – ◑	einjährig, auch Sorten mit dunklem Laub
Lobularia maritima Duftsteinrich	weiß, rosa, purpur	V-IX	10-15	○	einjährig, anfällig für Mehltau
Muscari armeniacum Traubenhyazinthe	blau mit weißem Rand	IV-V	15	○ – ◑	Zwiebelgewächs
Myosotis-Hybriden Vergißmeinnicht	blau	III-V	15-25	○ – ◑	zweijährig
Narcissus pseudonarcissus ☠ Narzisse	gelb, weiß	IV-V	20-40	○ – ◑	Zwiebelgewächs
Pelargonium-Zonale-Hybriden Pelargonie/Geranie	weiß, rosa, rot, violett	V-X	20-40	○	Gehölz, bei uns nicht winterhart
Petunia-Hybriden Petunie	viele Farben	V-X	20-30	○	einjährig, empfindlich gegen Dauerregen
Phlox drummondii Sommerphlox	weiß, rosa, rot, lila, gelb, mehrfarbig	VII-IX	20-50	○	einjährig, anfällig für Mehltau
Primula vulgaris Kissenprimel	weiß, gelb, rosa, rot, lila	III-IV	10-15	○ – ◑	Staude
Senecio bicolor Kreuzkraut	gelb (blüht aber erst im 2. Jahr)	VIII-IX	20-30	○	Halbstrauch, Blattschmuckpflanze
Tagetes-Patula-Hybriden Niedrige Sammetblume	gelb, orange, braun	VI-X	15-20	○ – ◑	einjährig, Schnecken lieben Tagetes!
Tulipa (verschiedene Klassen) Garten- und Wildtulpen	viele Farben	IV-V	10-50	○ – ◑	Zwiebelgewächs
Verbena-Hybriden Eisenkraut	gelb, rosa, rot, blau, lila	VII-X	20-40	○	einjährig, anfällig für Mehltau
Viola-Wittrockiana-Hybriden Stiefmütterchen	viele Farben	III-IV X-XII	15-20	○ – ◑	zweijährig
Zinnia angustifolia Zinnie	gelb, orange, rot, braunrot	VI-IX	20-30	○	einjährig, Schnecken lieben Zinnien!

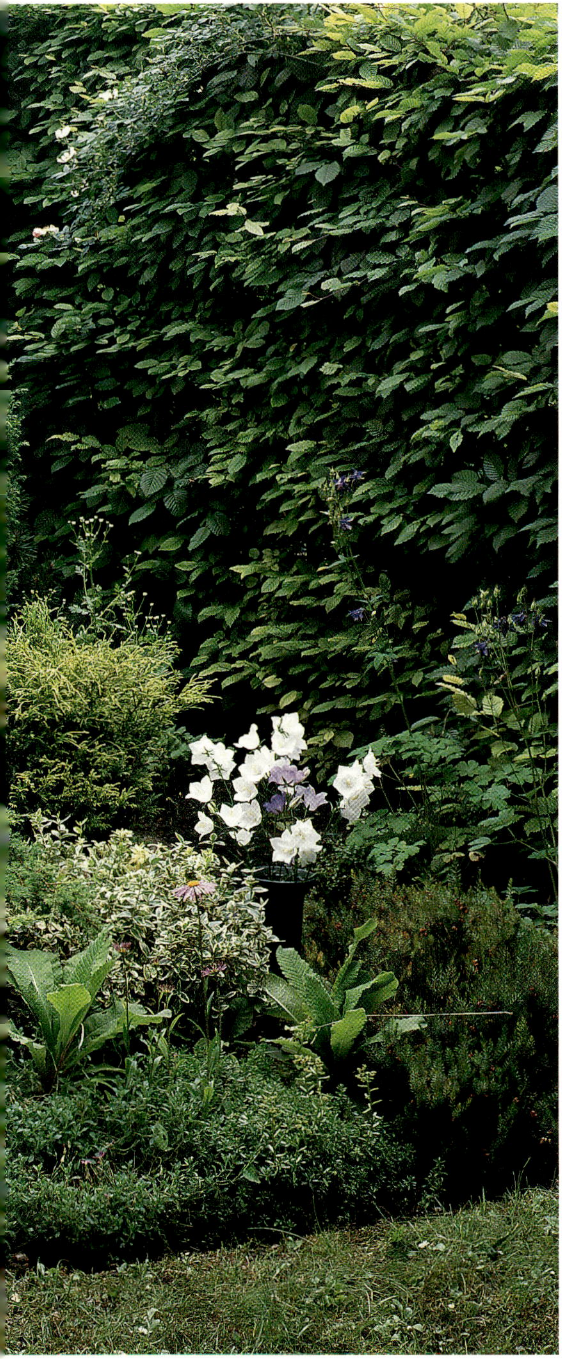

Sträuße, Kränze und Gestecke

Gräber schmücken

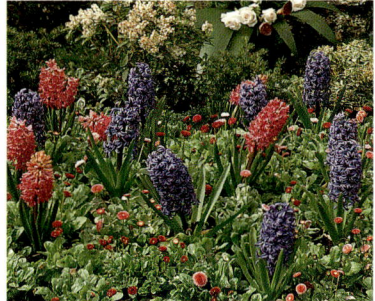

Immer wieder gibt es Anlässe, das Grab mit einem liebevollen Pflanzengruß zusätzlich zu schmücken. Hier finden Sie wunderschöne Grabschmuck-Beispiele für jede Jahreszeit – mit praktischen Tips zum Selbermachen.

Foto links: Reizvoll mit Immergrünen bepflanztes Grab, dem in jeder Jahreszeit nur einige wenige Farbtupfer aus Saisonblumen beigegeben werden müssen.
Foto oben: Die gleiche kühle Farbabstimmung läßt sich auch durch Bepflanzung erreichen – hier mit Hyazinthen und Maßliebchen.

Schale einmal anders – hier mit kleinen Frühlings-Sträußen.

Mit Kissenprimeln und zarten Narzissen bepflanzte Schale.

Frühlingshafte Pflanzen-Arrangements

Wenn draußen alles sprießt und grünt, möchte man auch das Grab nicht in seinem grauen Winterzustand lassen. Erste bunte Farbtupfer liefern diese Pflanzenschalen.

Duftender Frühlings-Strauß
Foto, Seite 34 oben

Hier wurden verschiedene Frühlingssträußchen zusammengestellt.
<u>Verwendete Pflanzen:</u>
• Mehrblütige Zwergnarzissen, *Narcissus cyclamineus* 'Tête à tête' (Achtung! Giftig.)
• Duftveilchen, *Viola odorata*
• Vergißmeinnicht, *Myosotis sylvatica*
• Traubenhyazinthen, *Muscari armeniacum*
• Efeu-Ranken, *Hedera helix*
<u>Praxis-Tip:</u> Ein Gerüst aus über Kreuz gelegten, blattlosen Zweigen gibt dem Strauß besseren Stand.

Bunt bepflanzte Schale
Foto, Seite 34 unten

Mit farbenfrohen Frühlingsboten ist diese schlichte Tonschale bepflanzt.
<u>Verwendete Pflanzen:</u>
• Mehrblütige Zwergnarzissen, *Narcissus cyclamineus* 'Tête à tête' (Achtung! Giftig.)

Frühlingshafte Pflanzen-Arrangements

• Kissenprimeln,
Primula vulgaris
(Hinweise zum Bepflanzen
von Gefäßen, → Seite 54.)

Natur-Gesteck
Foto, Seite 35 oben

Damit dieses filigrane Gesteck
gut zur Geltung kommt, sollte
es auf einer freien Beetfläche
oder einer Platte stehen.
<u>Verwendete Pflanzen:</u>
• Traubenhyazinthen,
Muscari armeniacum
• Duftveilchen, *Viola odorata*
• Efeu-Ranken, *Hedera helix*
<u>Praxis-Tip:</u> Zuerst die Efeu-
Ranken durch das Zweig-Ge-
flecht ziehen, dann die Blumen
hineinsetzen.

Der Natur nachempfundenes Gesteck mit blauen Traubenhyazinthen.

Frühlings-Kasten
Foto, Seite 35 unten

Österlichen Charme hat dieser
bepflanzte Kasten.
<u>Verwendete Pflanzen:</u>
• weiß-gelbe Narzissen,
Narcissus pseudonarcissus
'Ice Follies'
• Weidenzweige, *Salix caprea*
• Efeu-Ranken in der Altersform mit Beeren, *Hedera helix*
(Achtung! Efeu-Beeren und
Narzissen sind giftig.)
<u>Praxis-Tip:</u> Es eignen sich für
eine solche Schale alle Narzis-
sen-Sorten, die nicht höher als
20 cm werden.

Narzissen-Kasten mit gesteckten Weidenkätzchen.

Grabschmuck zu Ostern

Sonnengelbe Osterglocken (*Narcissus pseudonarcissus*) sind die traditionellen Blumen des Osterfestes. Aber auch Veilchen (*Viola odorata*), Schlüsselblumen (*Primula veris*), Küchenschellen (*Pulsatilla vulgaris*) oder Maßliebchen (*Bellis perennis*) sind typische »Osterblumen« – um nur einige zu nennen. Zusammen mit den Zweigen von Immergrünen lassen sich mit ihnen reizende Kränze und Gestecke gestalten, die man sehr schön mit den frisch ausgetriebenen Zweigen von Birke (*Betula pendula*), Buche (*Fagus sylvatica*) oder Linde (*Tilia cordata*) kombinieren kann.

Allerdings hält sich die frühlingshafte Pracht meist nicht sehr lange, wenn Kränze und Gestecke nicht in eine Schale mit Wasser gelegt werden. Eine andere Möglichkeit zum »Frischhalten« zeigt der Osterkranz rechts. Bei ihm wurden mehrblütige Zwergnarzissen (*Narcissus cyclamineus* 'Tête à tête') mit ihren Zwiebeln eingearbeitet.

Palmsträuße

In katholischen Gegenden haben auch die »Palmkränze« oder »Palmsträuße« eine lange Tradition als österlicher Pflanzenschmuck, mit dem auch die Gräber gerne geschmückt werden. Oft bindet man sie aus den Zweigen der Sal- oder Palmweide (*Salix caprea*), deren silbrige Kätzchen im März hervorbrechen. Als erste Bienennahrung des Jahres stehen Weiden allerdings unter Naturschutz. Zweige mit Weidenkätzchen sollten Sie deshalb nur beim Gärtner oder Floristen kaufen.

In anderen Gegenden wird der »Palm« aus den immergrünen Zweigen von Buchs (*Buxus sempervirens*), Eibe (*Taxus baccata*) oder Wacholder (*Juniperus communis*) gebunden und häufig auch bunt dekoriert.

Osterkranz mit Narzissen
Foto, Seite 37 oben

Frische Grün- und Gelbtöne dominieren in diesem kunstvoll gestalteten Kranz. Das lebhafte Zusammenspiel von grünem Blattwerk, buschigen Koniferenzweigen und unbelaubten Birkenreisern lockert die strenge Kranzform auf. Am besten eignet sich dieser recht dauerhafte Kranz für ein Beet, das erst im Frühsommer mit Blumen bepflanzt werden soll. Als Grundlage dient ein Reif aus Papier und verrottender Steckmasse (Hinweise zum Kranzbinden, → Seite 25).

<u>Verwendete Pflanzen:</u>
• Efeu-Ranken in der Altersform mit schwarzblauen Beeren, *Hedera helix*
• Zweige von Skimmie, *Skimmia japonica*
• Muschelzypresse, *Chamaecyparis obtusa* 'Nana Gracilis'
• Spindelstrauch, *Euonymus fortunei* 'Emerald'n Gold'
• mehrblütige Zwergnarzissen mit Zwiebeln, *Narcissus cyclamineus* 'Tête à tête'
• blattlose Birkenzweige mit Kätzchen, *Betula pendula* (Achtung! Efeu-Beeren und Narzissen sind giftig.)

<u>Praxis-Tips:</u> Alle Materialien in bunter Folge um den Kranzreif binden. Die Narzissen mit Zwiebeln so am Kranz befestigen (→ Foto, Seite 37 unten), daß sie auf dem Beet anwachsen können. Zum Schluß Birkenzweige in den Kranzkörper stecken und die ganze Komposition damit umwinden. Den Kranz nach der Fertigstellung vorsichtig überbrausen, damit die Narzissen noch einmal »trinken« können.

<u>Alternative Möglichkeiten:</u> Wenn Sie die Sorte 'Tête à tête' vorgezogen nicht bekommen, können Sie auch andere Zwergnarzissen-Sorten wie die mehrblütige 'Hawera' verwenden.

Grabschmuck zu Ostern

Verspielter Osterkranz, der lange haltbar bleibt, wenn die Narzissen mit Zwiebeln eingebunden werden.

Bepflanzte Osterschalen

Wunderschön lassen sich zu Ostern auch flache Schalen mit bunten Stiefmütterchen (*Viola tricolor*) und Hornveilchen (*Viola*-Cornuta-Hybriden) bepflanzen. Diese beliebten Frühlingsblüher mit ihren hübschen Blütengesichtchen halten in der Regel auch niedrigeren Temperaturen recht gut stand. Beide eignen sich auch als Unterpflanzung für Tulpen, die es in zahlreichen Gartenformen und Wildarten gibt.

Mein Tip: Tulpenzwiebeln können Sie bereits im September in die Schale setzen und diese kühl, aber frostgeschützt überwintern. Gelegentlich gießen und nach dem Austreiben aufs Grab stellen.

Detail: Narzissen im Kranz.

Üppiges Rosengesteck.

Nelkenstrauß mit filigranem Asparagus.

Sommerlicher Grabschmuck

Wenn kein Frost mehr droht, beginnt die Saison für die Sommerbepflanzung der Grabstätten. Eine Alternative hierzu stellen bepflanzte Blumenschalen und -kästen dar (→ Seite 40/41). Sie sind allerdings etwas pflegeintensiver als Beete mit ausgepflanzten Blumen, weil sie häufiger gegossen werden müssen. Auch in die blumenreiche Sommerzeit fallen Gedenktage, an denen man das Grab mit einem zusätzlichen Strauß oder einem Gesteck liebevoll schmücken möchte. Oft ist es zudem das üppige Blumenangebot des eigenen Gartens, das dazu einlädt, einen frischen Strauß fürs Grab zusammenzustellen.

Mein Tip: Sehr schön dekorieren lassen sich Sommersträuße mit den Ranken von Hänge- oder Kletterpflanzen und mit dünnen Zweigen von Sträuchern.

Sommerblumen frischhalten

Hier ein paar Tips:
• Verwenden Sie für Grabschmuck immer nur ganz frische Blumen.
• Vor dem Verarbeiten die Stiele schräg anschneiden und ins Wasser stellen, damit sie sich noch einmal vollsaugen.
• Entfernen Sie so viele Blätter wie möglich, die Pflanzen verdunsten dann weniger Wasser.
• Sträuße und Gestecke möglichst mit ausreichend großem Wasserreservoir ausstatten.

Sommerlicher Grabschmuck

Eleganter, asymmetrischer Strauß mit großem Blatt.

Verwendete Pflanzen:
• Nelken,
Dianthus caryophyllus
• Skimmie,
Skimmia x *foremanii*
• Asparagus,
Asparagus densiflorus
Alternative Möglichkeiten:
Sie können auch andere groß-
blättrige Zweige wie die der
Stechpalme (*Ilex aquifolium*)
verwenden.

Rosenstrauß mit Kalla
Foto, Seite 39

Es muß nicht immer Keramik
sein. Auch robuste Vasen aus
verzinktem Weißblech harmo-
nieren mit vielen Sträußen. In
dieser außergewöhnlichen Zu-
sammenstellung dominieren
Schnittrosen in blassem Rosa.
Verwendete Pflanzen:
• Rosen, *Rosa*-Sorten
• Kalla, in Alt-Rosé,
Zantedeschia aethiopica
• Zypressen-Zweige,
Chamaecyparis pisifera
• Myrten-Zweige,
Myrtus communis
• ein Blatt der Fischschwanz-
palme, *Caryota mitis*
Praxis-Tips: Die Blütentüten
der Kalla mit einem Stützdraht
versehen, damit sie die ge-
wünschte Stellung behalten.
Alternative Möglichkeiten:
Man kann diesen Strauß auch
mit einem anderen großen
Blatt wie dem der Kalla (*Zan-
tedeschia aethiopica*) binden.

Gesteckter Rosenstrauß
Foto, Seite 38 links

In diesem schlichten Tongefäß
verbirgt sich eine Steckhilfe,
die den Pflanzen die ge-
wünschte Stellung gibt. Gut
mit Wasser versorgt, hält dieser
Blumenschmuck etwa eine
Woche.
Verwendete Pflanzen:
• großblütige Schnittrosen,
Rosa-Sorten
• vielblütige Polyantha-Rosen,
Rosa-Polyantha-Sorten
• Zweige der Mahonie,
Mahonia aquifolium

• Rhododendron-Triebe,
Rhododendron-Hybriden
Praxis-Tip: Sie können diesen
Rosenstrauß auch asymme-
trisch stecken. Achten Sie dann
darauf, daß das Gesteck auf
dem Grab nicht kippen kann.

Eleganter Nelkenstrauß
Foto, Seite 38 rechts

Hier geben die Nelken den Ton
an. Im Garten blühen sie von
Juni bis August. Schön wirken
dazu die weiß-rosa Blüten-
rispen der Skimmie.

Gestecktes Herz aus sommerlichen Blüten.

Stilvolle Pflanzkombination für den Halbschatten.

Buntes Blütenherz
Foto, Seite 40 oben

Für dieses liebenswerte Gesteck wurde eine herzförmige Unterlage verwendet.
<u>Verwendete Pflanzen:</u>
• kleinblütige Rosen, *Rosa*-Sorten
• Ranunkeln, *Ranunculus asiaticus*
• Goldlack, *Cheiranthus cheiri*
• Blätter des Alpenveilchens, *Cyclamen persicum*
• Zypressen-Zweige, *Chamaecyparis pisifera*
• Wacholder-Zweige, *Juniperus chinensis*
<u>Alternative Möglichkeiten:</u>
Dieses Gesteck läßt sich auch Ton in Ton sehr schön gestalten.

Fleißige Lieschen im Kasten
Foto, Seite 40 unten

Dieser elegant bepflanzte Kasten braucht einen Platz im Halbschatten bis Schatten. Das Gefäß ist aus verrottendem Material, überdauert aber ohne weiteres eine ganze Vegetationsperiode.
<u>Verwendete Pflanzen:</u>
• Weiße Fleißige Lieschen, *Impatiens*- Neu-Guinea-Hybriden
• Efeu, *Hedera helix*
<u>Praxis-Tip:</u> Die kälteempfindlichen Fleißigen Lieschen erst nach den Eisheiligen ins Freie bringen.

Sommerstrauß in Pastell
Foto, Seite 41 oben

Passend zur ovalen Schale
wurde dieser lebhafte Strauß
gebunden.
Verwendete Pflanzen:
• Schachbrettblume, *Fritillaria
meleagris* (Achtung! Giftig.)
• Wicken, *Lathyrus odoratus*
• Goldlack, *Cheiranthus cheiri*
• Vergißmeinnicht,
Myosotis sylvatica
• Zweige des Asparagus,
Asparagus densiflorus
Alternative Möglichkeiten:
Statt der Schachbrettblume
können Sie auch Glockenblu-
men (*Campanula persicifolia*)
verwenden.

Pastellfarbener Strauß mit zarten Blüten.

Begonien-Kasten
Foto, Seite 41 unten

Hier wurden Begonien der
gesamten Rot-Gelb-Palette
kombiniert. Ideale Bepflanzung für einen halbschattigen
Standort.
Verwendete Pflanzen:
Begonien,
Begonia-Elatior-Hybriden
Praxis-Tip: Die kälteempfind-
lichen Begonien-Hybriden
sollten erst im Juni ins Freie
kommen.
Alternative Möglichkeiten:
Robuster ist die zierliche Eis-
begonie (*Begonia*-Semperflo-
rens-Hybride), die sich hübsch
mit Asparagus (*Asparagus
densiflorus*) kombinieren läßt.

Vital-bunte Begonien-Bepflanzung.

Grabschmuck für herbstliche Gedenktage

Traditioneller Monat des Gedenkens an die verstorbenen Angehörigen und Freunde ist der November. Bevor der Winter auch auf dem Friedhof Einzug hält, werden die Gräber an den Gedenktagen noch einmal mit frischen oder dauerhaften Pflanzen-Arrangements geschmückt.

Allerheiligen hat als christlicher Gedenktag die längste Tradition und wurde 610 erstmals begangen.

Allerseelen wurde erst 1915 für die gesamte katholische Kirche ein verbindlicher Feiertag.

Der Totensonntag der evangelischen Kirche hat sich aus dem seit 1816 begangenen »Feiertag zum Gedächtnis der Entschlafenen« entwickelt.

Der Volkstrauertag wurde 1952 als nationaler Trauertag zum Gedenken an die Opfer beider Weltkriege und des Nationalsozialismus ins Leben gerufen.

In der Vergangenheit stellte man an diesen Gedenktagen oft einige Topfpflanzen aufs Grab, die rechtzeitig vor dem Frost wieder ins Haus geholt wurden.

Herbstkranz mit den letzten Rosenblüten des Jahres.

Heute verläßt man sich meist auf die Kunst der Gärtner und Floristen. Sträuße und Gebinde aus frischen Blumen sind dabei ebenso gefragt wie dauerhafter Grabschmuck und winterhart bepflanzte Schalen.

Hier sind einige dekorative Beispiele für diese Anlässe.

Kranz mit Freilandrosen
Foto, Seite 42

Etwas ganz Besonderes ist dieser edle Kranz, bei dem die letzten Freilandrosen des Jahres mit roten Beeren und immergrünem Zweigwerk kunstvoll kombiniert sind. Im Spätherbst trocknen die Rosen ein, behalten aber noch lange ihre Farbe und Form. Der Kranz kann deshalb den ganzen Winter über auf dem Grab bleiben. Sehr schön wirkt er auch, wenn man ihn an ein Kreuz oder eine Stele hängt.

Herbstliche Pflanzen-Kombinationen

Immergrünes Bukett, das den ganzen Winter überdauert.

Die Grundlage bildet ein Kranzreif aus elastischen Zweigen (Hinweise zum Binden von Kränzen, → Seite 25).
Verwendete Pflanzen:
• Edelrosen, *Rosa*-Sorten
• Zweige von Kiefern, *Pinus sylvestris*
• Spindelstrauch, *Euonymus fortunei* 'Emerald'n Gold'
• Buchs, *Buxus sempervirens* (Achtung! Giftig.)
• Kriechmispel mit leuchtend roten Beeren, *Cotoneaster dammeri*
• Birke mit Kätzchen, *Betula pendula*

Praxis-Tips: Achten Sie darauf, daß die Rosen ganz frisch sind, und stellen Sie die Blumen vorher ins Wasser. Schräg angeschnitten lassen sich die Stiele besser stecken. Besonders apart wirkt es, wenn Sie die Edelrosen unregelmäßig und asymmetrisch einarbeiten.
Alternative Möglichkeiten: In dieser Farbgestaltung harmoniert der Kranz mit fast jedem Grabmal und Bodendecker. Kommen in der Bepflanzung Rottöne aber bereits vor, kann man auch sehr gut weiße Rosen verwenden.

Wald-Bukett
Foto, Seite 43

Den ganzen Winter über schmückt dieses spätherbstliche Bukett das Grab. Bewußt wurden hier nur gedämpfte Herbstfarben verwendet und die Grün- und Brauntöne der immergrünen Zweige mit cremefarbener Besenheide und blauschwarzen Beeren kombiniert. Auf einem ruhigen Untergrund (Platte, Erde) kommt dieses ungewöhnliche Gesteck am besten zur Geltung.
Verwendete Pflanzen:
• Zweige von Nordmann-Tanne, *Abies nordmanniana*
• Bergkiefer (Latsche), *Pinus mugo*
• Besenheide, *Calluna vulgaris*
• Liguster mit schwarzen Beeren, *Ligustrum vulgare*
• Efeu-Ranken, *Hedera helix*, in der Altersform mit lanzettlichen Blättern und blauschwarzen Beeren (Achtung! Die Beeren sind giftig.)
• Blütenstände der Tasmanischen Myrte, *Leptospermum flavescens*
• Kiefernzapfen
Praxis-Tips: Die Zweige der Nordmann-Tanne in tropfenförmiger Anordnung auf ein passendes Holzbrett binden. Darauf eine Steckhilfe befestigen. Die weiteren Zweige nun aufsteigend stecken. Kiefernzapfen mit einem Draht versehen und an den Zweigen festmachen.

Gräber schmücken

Gestecktes Immergrün
Foto, Seite 45 oben

Mit harmonischen Grün-, Grau- und Brauntönen fügt sich dieses Gesteck ganz natürlich in die spätherbstliche Umgebung ein. Im Steingefäß kann es als dauerhafter Winterschmuck bis März auf dem Grab bleiben.
Dieser farblich zurückhaltend gestaltete Kasten kommt am besten zur Geltung, wenn er direkt vor dem Grabmal steht. Als Steckhilfe dienen hier Lehm oder in ein Ballentuch eingeschlagener Rindenhumus.
Verwendete Pflanzen:
• Kiefernzweige, *Pinus sylvestis*
• Ligusterzweige mit glänzend schwarzen Beeren, *Ligustrum vulgare* (Achtung! Giftig.)
• mit silbergrauen Flechten überzogene Zweige
• Kiefernzapfen
Praxis-Tip: Zuerst den Kasten mit Kiefernzweigen bestücken. Anschließend die Ligusterzweige so stecken, daß die Beeren über den Rand hängen. Nun die mit Flechten überzogenen Zweige fast waagerecht in das Zweigwerk stecken. Kiefernzapfen zum Stecken mit einem Draht versehen.

Alternative Möglichkeiten: Natürlich können Sie für dieses Gesteck auch ein Gefäß aus verrottendem Material oder ein winterfestes Tongefäß verwenden. Tonkästen sollten allerdings ein Loch für den Wasserabzug haben.
Wer es gerne etwas bunter hat, kann Weißdornzweige mit roten Beeren, Hagebutten oder die orangefarbenen Früchte der Lampionblume dazustecken. In Bastel-Geschäften finden Sie eine große Auswahl getrockneter Frucht- und Blütenstände.

Herbst-Strauß mit Alpenveilchen
Foto, Seite 45 unten

Natürlich kann man das Grab an den Gedenktagen auch mit einem Strauß aus jahreszeitlichen Schnittblumen schmücken. Sehr stilvoll wirkt er in einer Tonvase, die in einem schlicht geschmiedeten Dreifuß steht. Bei Frost sollte die Vase allerdings vom Grab genommen werden.
Mit Alpenveilchen in intensivem Rot und Pink bringt dieser Strauß noch einmal Farbe aufs Grab.
Verwendete Pflanzen:
• Alpenveilchen, *Cyclamen persicum*
• Früchte der Skimmie, *Skimmia japonica*

• Zweige von Buchs, *Buxus sempervirens* (Vorsicht! Giftig.)
• Scheinzypresse, *Chamaecyparis pisifera*
• Strauch-Wacholder, *Juniperus chinensis*
Praxis-Tip: Binden Sie den Strauß so, daß einige grüne Zweige über den Vasenrand herabhängen.
Alternative Möglichkeiten: Im Herbst lassen sich auch Rosen (*Rosa*-Arten) oder Chrysanthemen (*Chrysanthemum*-Indicum-Hybriden) mit Efeu-Ranken sehr schön zu einem Strauß kombinieren.

Bepflanzte Herbstschalen

Farbe bringen auch noch einmal die letzten blühenden Herbst-Gewächse aufs Grab. Hier eine kleine Auswahl:
• Besonders beliebt sind mit Chrysanthemen (*Chrysanthemum*-Indicum-Hybriden) bepflanzte Schalen, die allerdings frostigen Nächten nicht lange standhalten.
• Dekorativ ist auch die Kombination von rot-, rosa- oder weißblühender Topfheide (*Erica gracilis*) mit silberblättrigem Kreuzkraut (*Senecio bicolor*). Auch diese Pflanzen sind nicht frosthart.

Herbstliche Pflanzen-Kombinationen

Zapfen, Flechten und Beeren schmücken diesen gesteckten Kasten, der den ganzen Winter überdauert.

• Winterfest hingegen sind Besenheide (*Calluna vulgaris*), Zwergginster (*Cytisus decumbens*), Teppichwacholder (*Juniperus horizontalis*), Blauschwingel-Gras (*Festuca cinerea*) und Stiefmütterchen (*Viola*-Wittrockiana-Hybriden). Aber auch noch so robuste Winterpflanzungen brauchen ein wenig Pflege. Oft wird vergessen, daß immergrüne Gehölze auch im Winter Wasser verdunsten und von Zeit zu Zeit gegossen werden müssen. **Wichtig:** Achten Sie außerdem darauf, daß Sie für Winterpflanzungen frostbeständige Gefäße mit einem Loch für den Wasserabzug verwenden.

Strauß mit Alpenveilchen.

Großes Gesteck mit verschiedenfarbigen Beeren.

Weihnachtlicher Pflanzenschmuck

Immergrüne Zweige, geschmückt mit Zapfen und Beeren aller Art, bestimmen die weihnachtlichen Grabdekorationen. Eine große Palette wunderschöner Nadel-und Laubgehölze wird im Fachhandel angeboten.

• Die nichtnadelnden Zweige von Silbertanne, Muschelzypresse, Bergkiefer (Latsche) und Gemeiner Kiefer eignen sich besonders für dauerhafte Kränze und Gestecke.

• Aber auch die Zweige immergrüner Laubgehölze wie Buchs (Achtung! Giftig.), Stechpalme, Eibe (Achtung! Sehr giftig.) und Mahonie gehören zum klassischen Pflanzenschmuck der Weihnachtszeit.

• Auch die Mistel, deren weiße, durchscheinende Beeren im Dezember reifen, setzt sich immer mehr als Weihnachtsschmuck durch.

• Zum Einarbeiten in Kränze und Gestecke eignen sich ebenfalls die Ranken von Efeu und Immergrün (*Vinca minor*) sehr gut.

Ton in Ton und dauerhaft – Kranz aus Immergrünen.

Blumenschmuck im Winter

Die Auswahl an Blütenpflanzen ist in dieser Zeit sehr gering. Lediglich die Christrose (*Helleborus niger*) und zum Blühen gebrachte Zweige bieten sich hier an. Farblich auffrischen lassen sich die Pflanzen-Arrangements jedoch mit den farbigen Blüten von Trockenblumen, zum Beispiel mit lilafarbenen Staticen, orangeroten Lampionblumen oder bunten Strohblumen.

Früchte und Beeren

Auch Zapfen und beerentragende Zweige sind aus dem weihnachtlichen Pflanzenschmuck nicht wegzudenken. Zum Schmücken von Gestekken und Kränzen eignen sich zum Beispiel die roten Beeren von Stechpalme (Achtung! Giftig.), Feuerdorn und Hagebutte oder die schwarzen Früchte von Mahonie oder Efeu (Achtung! Giftig.). Die Zapfen von Kiefern, Muschelzypressen und anderen Koniferen setzen weitere Akzente – und natürlich auch adventliche Kerzen.

Winterliches Gesteck
Foto, Seite 46 oben

Dieses große Gesteck aus typischen Winterzweigen ist mit Beeren und Zapfen üppig ausgestattet und kommt am besten auf einem ruhigen Untergrund (Erde, Stein) zur Geltung.
Verwendete Pflanzen:
• Zweige von Kiefer, *Pinus sylvestris*
• Stechpalme mit gelbbunten Blättern, *Ilex aquifolium* 'Golden King'
• Feuerdorn mit orangeroten Beeren, *Pyracantha coccinea*
• Efeu-Ranken, *Hedera helix*
• Zapfen der Weymouths-Kiefer, *Pinus strobus*
• blauschwarze Früchte der Mahonie, *Mahonia aquifolium*
Praxis-Tips: Die Steckhilfe zunächst auf ein passendes Stück Holz binden. Dann die Kiefernzweige befestigen und mit Beerenzweigen und Efeu-Ranken dekorieren. Die Zapfen mit einem Draht versehen und an den Zweigen oder in der Steckhilfe befestigen.
Alternative Möglichkeiten: Wer will, kann noch eine schlichte, nicht zu dünne Kerze in Weiß oder Rot dazugeben. Mit zwei bis drei Steckdrähten gut befestigen.

Immergrüner Kranz
Foto, Seite 46 unten

Besonders dauerhaft ist dieser robuste Kranz aus immergrünen Zweigen. Grün-in-Grün gehalten, paßt er an jedes Grabmal und wirkt aufgehängt besonders apart.
Grundlage ist ein Kranzreif aus elastischen Zweigen (Hinweise zum Kranzbinden, → Seite 25).
Verwendete Pflanzen:
• Zweige von Eibe, *Taxus baccata* (Achtung! Sehr giftig.)
• Buchs, *Buxus sempervirens* (Achtung! Giftig.)
• Muschelzypresse, *Chamaecyparis obtusa*
• Efeu-Ranken, *Hedera helix,* in der Altersform mit den blauschwarzen Beeren (Achtung! Die Beeren sind giftig.)
Praxis-Tips: Verwenden Sie für diesen Kranz kurze, etwa 8 bis 10 cm lange Zweige. Bereiten Sie zunächst kleine gemischte Büschel aus den verschiedenen Grün-Arten vor. Achten Sie beim Binden besonders darauf, daß der Kranzkörper ein gleichmäßiges Volumen bekommt.
Alternative Möglichkeiten: Wer sich zusätzliche Farbtupfer wünscht, arbeitet einige Hagebuttenzweige mit ein.

Pflanzen, gießen, jäten

Gräber pflegen

Zwar fällt der Pflegeaufwand je nach Größe und Bepflanzung eines Grabes unterschiedlich aus – regelmäßige Betreuung braucht aber jede bepflanzte Grabstätte. Wer dies selbst übernimmt, findet hier praktische Tips und Hinweise für gärtnerische Pflege rund ums Jahr.

Foto links: Grabstätte im Frühling.
Die Zwergmispel rahmt das große Grab ein.
Farbe in das Dauergrün bringen zarte Frühlings-
blumen sowie das gesteckte Blütenherz.
Foto oben: Immer beliebter – die zierlichen Horn-
veilchen (Viola cornuta). Hier die Sorte
'Yellow Perfection'.

Der »Lebenslauf« eines Grabes

Wer mit der Grabpflege zu tun hat, sollte über die verschiedenen Stadien Bescheid wissen, die eine Grabbepflanzung durchläuft.
Nach der Beisetzung schließen Friedhofsangestellte das Grab. Sie legen die Trauerspenden auf den Grabhügel, wo sie so lange bleiben, bis sie verwelkt sind. Bevor die Dauerbepflanzung angelegt werden kann, muß sich die Erde ausreichend gesetzt haben. Das ist bei Erdbestattungen nach etwa einem Jahr der Fall. Bei einer Urnenbestattung kann die Daueranlage oft schon recht bald vorgenommen werden.

Das Grab-Beet anlegen

Bei neuen Gräbern muß die Grabstelle meist zunächst durch die Friedhofsverwaltung genau eingemessen werden. Ist die Erde sehr leicht und kiesig, entfernt man sie am besten und bringt neue, humusreiche Pflanzerde auf. Nun wird das Beet in einer Höhe von 10 bis 15 cm geebnet. Es sollte nach vorne hin leichtes Gefälle haben, damit das Regenwasser abläuft. Die Beetränder werden leicht abgeschrägt und mit einem Spaten verdichtet.
Diese körperlich recht schweren Arbeiten, für die größere

Geräte (Schubkarren, Schaufel, Spaten) erforderlich sind, kann man auch Friedhofsgärtnereien überlassen.
Anschließend kann das Grab abhängig von der Jahreszeit provisorisch begrünt werden. Häufig wird es dazu ganzflächig mit Blumen der Saison bepflanzt (→ Tabelle, Seite 30/31). Über den Winter kann man es mit Tannen- oder Fichtenzweigen abdecken und mit einer winterfest bepflanzten Schale oder einem Dauergesteck schmücken. Hat sich die Erde ausreichend gesetzt, wird die Dauerbepflanzung angelegt.

Partielle Neubepflanzung

Manchmal sinkt die Erde noch einmal ab, meist infolge von starken Regenfällen. Dann muß man die betroffenen Pflanzen mit Wurzelballen herausnehmen, Erde auffüllen und die Pflanzen neu einsetzen. Senkungen an Grabmal und Steineinfassungen behebt der Steinmetz.
Oft hinterläßt auch ein besonders harter Winter seine Spuren, und man muß erfrorene Pflanzen ersetzen. Lücken bei den Bodendeckern lassen sich einfach schließen, indem man Pflanzen von einer besonders dicht bewachsenen Stelle umsetzt.

Überalterte Pflanzung erneuern

Auch bei sorgfältiger Pflege altert die Dauerbepflanzung eines Grabes und muß nach einiger Zeit erneuert werden. Meist ist dies nach 8 bis 10 Jahren der Fall. Zu groß gewordene Gehölze werden dann ausgegraben und in den Garten versetzt oder verschenkt. Entfernen Sie dabei auch die übrigen Pflanzen und das mit Wurzeln durchsetzte Erdreich, so daß Sie neue Erde auf der Grabfläche verteilen können. Auch mit diesen Arbeiten können Sie Friedhofsgärtnereien betrauen. Ist der Boden erneuert, haben Sie die Möglichkeit, das Grab nach neuen Vorstellungen zu gestalten.

Grabauflösung

Für alle Grabstätten ist eine Mindestnutzungszeit vorgeschrieben, die der Verwesungszeit bei Erdbestattungen entspricht. Sie fällt je nach Bodenart und Witterungsverhältnissen unterschiedlich aus und wird von der jeweiligen Friedhofsverwaltung festgelegt. Für Wahlgräber kann man jedoch eine längere Nutzung vereinbaren. Nach Ablauf der Nutzungszeit müssen Grabmal und -bepflanzung abgeräumt werden.

Winterlicher Strauß mit leuchtenden Alpenveilchen-Blüten und Immergrünen.

Erste Frühjahrs-Arbeiten

Die pflegeintensivste Zeit ist das Frühjahr. Jetzt müssen die Spuren des Winters beseitigt und die freie Beetfläche pflanzfertig gemacht werden. Folgende Arbeiten fallen Anfang März an:
• Winterabdeckung, Laub und abgefallene Äste entfernen.
• Erfrorene und unansehnlich gewordene Pflanzen kommen in den Kompost-Container des Friedhofs. Ebenso die Wintergebinde, soweit sie aus verrottendem Material sind.
• Immergrüne sorgfältig säubern. Vertrocknete und erfrorene Triebe entfernen.
• Das unbepflanzte Beet vorsichtig lockern.
• Für Saisonblumen Komposterde oder organischen Dünger einarbeiten und die Fläche eben rechen. Dabei keine Wurzeln beschädigen!
• Auch auf das Grabmal sollten Sie einen Blick werfen und überprüfen, ob es noch sicher steht. Haben Vögel hier ihre Spuren hinterlassen, wäscht man sie mit klarem Wasser ab.

Frühjahrs-Bepflanzung

Für erste bunte Blüten auf dem Grab sorgen Zwiebelblumen wie Krokusse (*Crocus vernus*), Tulpen (*Tulipa*-Hybriden), Narzissen (*Narcissus pseudonarcissus*) und Hyazinthen (*Hyacinthus orientalis*). Wenn sie nicht schon im Herbst gepflanzt wurden, kann man sie nun in Töpfen vorgezogen kaufen – allerdings entsprechend teurer. Als erste Bepflanzung eignen sich aber auch robuste Frühjahrsblüher wie Maßliebchen (*Bellis perennis*), Stiefmütterchen (*Viola*-Wittrockiana-Hybriden) oder Primeln (*Primula vulgaris*). (→ Tabelle, Seite 30/31)

Gießen, düngen, jäten

Damit das Grab immer in einem gepflegten Zustand ist, sollten die allgemeinen Pflegearbeiten möglichst regelmäßig vorgenommen werden.
Gießen. Bei trocken-warmer Witterung etwa einmal in der Woche morgens oder abends durchdringend wässern, bepflanzte Schalen häufiger gießen. Wässern Sie gründlich, damit die Feuchtigkeit richtig in den Boden eindringt und nicht gleich verdunstet.
Düngen. Saisonblumen und bepflanzte Schalen brauchen zum üppigen Gedeihen meist eine etwa 14tägige zusätzliche Düngung. Hierfür können Sie die handelsüblichen Blumendünger verwenden. Bodendekker und Rahmenpflanzen benötigen in der Regel keine zusätzliche Düngung.
Mein Tip: Die abgemessene Düngermenge läßt sich gut in einem Filmdöschen mit auf den Friedhof nehmen.
Jäten. Das besonders im Frühjahr üppig sprießende »Unkraut« sollten Sie etwa alle 14 Tage beseitigen. Bei dieser Gelegenheit auch verblühte Blütenstände ausbrechen.

Sommer-Bepflanzung

Nach den Eisheiligen Mitte Mai kann das Grab mit Sommerblumen wie Begonien (*Begonia*-Elatior-Hybriden), Fleißigen Lieschen (*Impatiens walleriana*) und Pelargonien (*Pelargonium*-Zonale-Hybriden) bepflanzt werden (→ Tabelle, Seite 30/31). Verblühte Zwiebelgewächse jetzt herausnehmen (→ Seite 55). In vollsonniger Lage pflanzt man die Sommerblumen am besten aus, denn Schalen müssen in dieser Zeit sehr häufig gegossen werden.

Pflanzen zurückschneiden

Von Ende Mai bis Juli ist die Zeit für den Schnitt von Bodendeckern und Gehölzen. Auch Buchs-Einfassungen, Buchs-Kugeln und -Kegel jetzt in die gewünschte Form bringen (→ Seite 55). Pflanzen, die über das Grab hinauswuchern, werden nun ebenfalls in ihre Schranken verwiesen.

Herbstliche Saisonblumen und Gräser als Band im Halbkreis zwischen Bodendecker gepflanzt.

Herbst-Bepflanzung

Im Oktober kann das Saison-
beet noch einmal mit Herbst-
blumen wie Eriken (*Erica gra-
cilis*) und Chrysanthemen
(*Chrysanthemum*-Indicum-
Hybriden) bepflanzt werden
(→ Tabellen, Seite 30/31).
Zwiebeln für die kommende
Blumensaison ebenfalls im
September/Oktober setzen.

Winterschutz

Die Dauerbepflanzung sollte
im allgemeinen so ausgewählt
sein, daß sie keinen besonderen Winterschutz benötigt.
• Bei Rosen den Fuß aber lok-
ker mit Erde anhäufeln und die
Pflanzen mit Reisig zusätzlich
schützen.
• Empfindliche Solitärgehölze
mit Tannengrün umstellen.

• Alle Immergrüne noch einmal gründlich wässern, denn
»Frostschäden« entstehen hier
vor allem durch Trockenheit.
• In manchen Gegenden ist es
üblich, das Grab im Winter mit
Tannen- oder Fichtenzweigen
abzudecken (→ Seite 54). Von
November bis März hält die
Natur Winterschlaf, und auch
bei der Grabpflege kann jetzt
eine Pause eingelegt werden.

Praxis: Grabpflege

In manchen Gegenden ist es üblich, das Grab den Winter über mit Tannen- oder Fichtenzweigen abzudecken.

Winterabdeckung
Zeichnungen 1a und 1b

Für 1 m² benötigt man etwa ein Dutzend Zweige. Überlegen Sie zunächst, wo die Abdeckung zusammenlaufen soll. Günstig ist es, wenn dies die Stelle für den Winter-Grabschmuck ist.
• Zuerst mit der Baumschere etwa 15 cm lange Zweige mit je zwei Seitentrieben zurechtschneiden. Eine Abdeckung aus längeren Zweigen wirkt nicht so gleichmäßig.
• Jeweils 3 Triebe fächerartig bündeln und nacheinander so um die abzudeckende Fläche legen, daß die Spitzen nach außen zeigen.
• In den folgenden Runden die Zweige jeweils zwischen die der vorigen legen, so daß weder Boden noch Pflanzen hervorschauen.
• Bleibt die abgedeckte Fläche ohne Grabschmuck, die letzte Lücke mit einem »Nest« aus Triebspitzen schließen.
Eine solche Winterabdeckung bekommt allerdings nicht allen Pflanzen. Folgende Bodendecker überstehen sie recht gut.
<u>Stauden:</u> Stachelnüßchen (*Acaena microphylla*), Fiederpolster (*Cotula squalida*), Steinbrech (*Saxifraga umbrosa*), Mauerpfeffer (*Sedum*-Arten und -Hybriden).
<u>Gehölze:</u> Zwergmispel (*Cotoneaster dammeri*), Kriechspindel (*Euonymus fortunei*), Dickmännchen (*Pachysandra terminalis*), Immergrün (*Vinca minor*).

2 <u>Kasten mit Saisonblumen bepflanzen.</u>
Pflanzen mit einer Drainage vor Staunässe schützen.

Kästen richtig bepflanzen
Zeichnung 2

Kästen oder Schalen, die Sie bepflanzt aufs Grab stellen wollen, sollten immer Abzugslöcher haben, damit auch einmal überschüssige Nässe von Regenschauern abfließen kann. Als Pflanzerde verwendet man in der Regel handelsübliche Blumenerde oder Gartenerde, vermischt mit Kompost und einer Handvoll Sand.
<u>So wird's gemacht:</u>
• Abzugslöcher mit Tonscherben abdecken.
• Drainage aus Blähton oder Kies etwa 5 cm hoch einfüllen.
• Darüber kommt etwa 5 cm Erde.

1 <u>Winterabdeckung mit Tannenzweigen.</u>
a Jeweils 3 Zweige bündeln.
b Triebspitzen nach außen weisend auf Lücke legen.

a

b

• Pflanzen mit Wurzelballen hineinstellen und die Standhöhe überprüfen. Gewächse nicht zu tief einsetzen, damit die unteren Triebe nicht faulen.
• Das Gefäß bis etwa 2 cm unter den Kastenrand (Gießrand) mit Substrat auffüllen.
• Erde leicht andrükken und angießen.

Buchs in Form schneiden
Zeichnungen 3a und 3b

In letzter Zeit sieht man wieder häufiger edel in Form geschnittenen Buchs auf den Gräbern. Die beste Zeit, diesen Schnitt vorzunehmen, ist von Ende Mai bis Juli.
<u>Kugel:</u> Dazu formt man aus starkem Draht einen unten offenen Kreis im gewünschten Durchmesser. Diesen um das Gewächs legen und die unteren Enden in die Erde stecken. Während des Schnitts immer weiterdrehen.
<u>Kegel:</u> Drei Bambusstäbe um den Buchs herum in die Erde stekken und in Höhe der vorgesehenen Spitze zusammenbinden. Während des Schnitts drehen.

4 Zwiebeln lagern.
a Herausnehmen.

Blumenzwiebeln richtig lagern
Zeichnungen 4a bis 4c

Um Platz für die Sommerbepflanzung zu schaffen, müssen Zwiebeln von Frühjahrsblühern oft abgeräumt werden, bevor sie richtig eingezogen sind. Wer sie in den praktischen Pflanzkörben gesetzt hat, tut sich beim Herausnehmen besonders leicht. Sollen die Zwiebeln im kommenden Herbst noch einmal gesetzt werden, kann man sie lagern:
• Anhaftende Erde entfernen und verwelkte Blüten abschneiden, um die kraftraubende Samenbildung zu verhindern.

b Verwelkte Blüten abschneiden.

c Pflanzen in Zeitungspapier einrollen, lagern.

• Jede Pflanze in eine Doppelseite Zeitungspapier wickeln.
• Die Bündel in eine Kiste legen und bis zur Neueinpflanzung im Herbst an einem kühlen, dunklen Ort lagern.

3 Buchs in Form schneiden.
a Kegel mit Bambusstangen formen.
b Für Kugeln einen Drahtreif verwenden.

Schädlinge und Krankheiten

Wenn Standort und Pflege den Ansprüchen der Pflanzen entsprechen, dann ist ihre Anfälligkeit gegenüber Krankheiten und Schädlingen gering. Kränkeln Bodendecker oder Rahmenpflanzen ständig, sollten sie durch besser geeignete Arten ersetzt werden. Rosen und Saisonblumen wie Pelargonien, Fuchsien und Pantoffelblumen werden hin und wieder von Blattläusen und Mehltau befallen. Meist überstehen sie einen Befall aber aus eigener Kraft.

Pflanzenschäden behandeln

Solange der Schaden begrenzt ist, hilft es meist, die befallenen Teile großzügig zu entfernen. Schädlinge abspritzen oder absammeln.
Gegen Blattläuse und Mehltau können Pflanzen-Brühen oder biologische Spritzmittel eingesetzt werden.
Den Einsatz von chemischen Pflanzenschutzmitteln sollten Sie besser vermeiden.

Blattläuse

Schadbild: Grüne oder schwarze Läuse an jungen Trieben, Blättern und Stengeln. Blätter gekräuselt und mit klebrigem schwarzen Honigtau bedeckt.
Ursache: Der Befall wird durch zu warmen, trockenen Stand und Stickstoff-Überdüngung begünstigt.
Abhilfe: Bei leichtem Befall hilft das Abspritzen mit Wasser, bei stärkerem Befall Schmierseifenlösung oder Brennessel-Jauche spritzen.

Schnecken

Schadbild: Vor allem die jungen, zarten Blätter von Tulpen, Narzissen, Fleißigen Lieschen, Tagetes, Dahlien und Zinnien werden gerne von Schnecken angefressen. Sie hinterlassen Fraß- und Schleimspuren.
Ursache: Bei feucht-mildem Wetter können sie bereits im Frühjahr massenhaft auftreten.
Abhilfe: Schnecken und deren Gelege absammeln und zu Hause durch Überbrühen mit kochendem Wasser vernichten. Die Schnecken sind dann sofort tot.

Wildtiere

Schadbild: Kaninchen knabbern Blätter, Triebe und Knospen an. Wühlmäuse fressen unterirdische Pflanzenteile an, bevorzugt Zwiebeln und Knollen, die Pflanzen welken.
Abhilfe: Sie ist nur in Zusammenarbeit mit der Friedhofsverwaltung möglich. Entwickeln sich Kaninchen zu einer Plage, wird meist die örtliche Jagdbehörde eingeschaltet. Zwiebeln und Knollen können Sie gegen Wühlmäuse schützen, wenn Sie sie in Pflanzkörben einsetzen. Kaiserkronen verbreiten einen Geruch, der die Nager vertreibt, Narzissen-Zwiebeln werden ebenfalls von ihnen verschmäht.

Echter und Falscher Mehltau

Schadbild: Bei Echtem Mehltau zeigt sich auf den Blättern grauer, mehliger, abwischbarer Pilzbelag. Bei Falschem Mehltau weißgrauer Belag auf der Unterseite der Blätter, auf der Oberseite gelbe Flecken.
Ursache: Zu hohe Luftfeuchte, Blattnässe, zu wenig Luftbewegung.
Abhilfe: Befallene Pflanzenteile großzügig entfernen oder die Pflanzen ganz austauschen. Vorbeugend Ackerschachtelhalm-Brühe sprühen.

Kein Grabmal ist so schön, daß es nicht durch Pflanzenschmuck noch an Reiz gewinnt.

Sach- und Pflanzenregister

Die **halbfett** gesetzten Seitenzahlen verweisen auf Farbfotos und Zeichnungen. Auf den mit * gekennzeichneten Seiten finden Sie Beschreibung und Pflegehinweise zur jeweiligen Pflanze. U = Umschlagseite

Blumen im Garten – prachtvoll wie noch nie.

Auch im kleinsten Garten ist Platz für ein Paradies!
Dieser Ratgeber zeigt die schönsten Stauden,
Zwiebelblumen und Einjährigen, dazu attraktive Gräser
und Farne in Porträts und Pflegeanleitungen.
Vorbildliche Gestaltungsbeispiele in Farbfotos,
dazu Pflanzpläne – leicht
nachvollziehbar für jeden.

Bernd Hertle/
Peter Kiermeier/
Marion Nickig:
So blühen sie am
schönsten:
Gartenblumen.
Der große GU Pflanzen-
Ratgeber. Mit
Gestaltungsideen
für große und kleine Gärten.
240 Seiten, 500 Farbfotos,
150 Zeichnungen.
**48,00 DM/375,00 öS/
49,40 sfr**

Änderungen und Irrtum vorbehalten.

**Mehr draus machen.
Mit GU.**

Literatur, die weiterhilft

(falls nicht im Buch-
handel, dann in Biblio-
theken erhältlich)
Bärtels, A.: *Zwergge-
hölze*. Ulmer Verlag,
Stuttgart
Heitz, H.: *Balkon- und
Kübelpflanzen*.
Gräfe und Unzer
Verlag, München
Hertle, B., Kiermeier,
P., Nickig, M.:
Gartenblumen.
Gräfe und Unzer
Verlag, München
Klock, P.: *Blütenpracht
aus Zwiebeln und
Knollen*. Gräfe und
Unzer Verlag,
München
Koristka, W.: *Blumen-
gestecke*. Gräfe und
Unzer Verlag,
München
Koristka, W.: *Blumen-
sträuße selber bin-
den*. Gräfe und
Unzer Verlag,
München
Weimar, M.: *Kränze
selbst gemacht*.
Gräfe und Unzer
Verlag, München
ZurHausen, W.: *Grab-
stätten. Planung,
Anlage und Pflege*.
Ulmer Verlag,
Stuttgart

Zeitschriften

FLORA.
Gruner + Jahr AG & Co.,
Postfach 110011,
20444 Hamburg
Kraut & Rüben.
BLV Verlagsgesell-
schaft mbH,
Lothstraße 29,
80797 München
mein schöner Garten.
Burda Verlag GmbH,
Postfach 77602,
77562 Offenburg

Beispiele für Grabschmuck

Die abgebildeten
Pflanzen-Arrange-
ments wurden von den
Floristmeisterinnen
Anna Lindner und
Johanna Baumgartner
eigens für diesen
GU Ratgeber gestaltet.

Dank

Autorin, Fotograf und
Verlag danken der
Gärtnerei Alois Brandl
in München sowie der
Floristmeisterin Anna
Lindner für ihre fach-
liche Beratung und
die vielfältige Unter-
stützung.
Verlag und Fotograf
danken ferner der
Friedhofsverwaltung
München für die
Genehmigung, im
Münchner Nordfried-
hof zu fotografieren.

Warnung und Hinweis

In diesem Buch geht es um das Schmücken von Gräbern durch Bepflanzung oder mobile Pflanzen-Arrangements. Einige der beschriebenen Pflanzen sind mehr oder weniger giftig. Tödlich giftige Pflanzen, aber auch minder giftige, die bei geschwächten Erwachsenen oder Kindern erhebliche gesundheitliche Störungen hervorrufen können, sind in den Pflanzentabellen auf Seite 28 bis 31 mit einem Totenkopfsymbol gekennzeichnet und in den Pflanzenlisten für Grabschmuck auf Seite 34 bis 47 mit einem Warnhinweis versehen. Achten Sie unbedingt darauf, daß Kinder und Haustiere die als gefährlich gekennzeichneten Pflanzen und Pflanzenteile nicht essen.

Kommt es beim Umgang mit Erde zu offenen Verletzungen, suchen Sie umgehend einen Arzt auf. Besprechen Sie mit ihm, ob eine Impfung gegen Tetanus (Wundstarrkrampf) erforderlich ist.

Auf einer dichtbepflanzten Fläche wie dem Friedhof sollten Sie nur unschädliche biologische Pflanzenschutzmittel verwenden (→ Seite 56). Wer dennoch zu chemischen Mitteln greift, darf keinesfalls zu hochgiftigen, mit T oder T + gekennzeichneten Mitteln greifen. Für Dosierung und Spritzintervalle unbedingt die Gebrauchsanweisung auf der Verpackung beachten.

Alle Dünge- oder Pflanzenschutzmittel, auch die biologischen, müssen unbedingt so aufbewahrt werden, daß sie für Kinder oder Haustiere unerreichbar sind. Der Verzehr dieser Mittel kann zu gesundheitlichen Schäden führen. Außerdem dürfen sie nicht in die Augen gelangen.

© 1994 Gräfe und Unzer Verlag GmbH, München
Alle Rechte vorbehalten. Nachdruck, auch auszugsweise, sowie Verbreitung durch Film, Funk und Fernsehen, durch fotomechanische Wiedergabe, Tonträger und Datenverarbeitungssysteme jeder Art nur mit schriftlicher Genehmigung des Verlages.

Redaktion: Gisela Keil
Lektorat: Maria Bley
Layout und Umschlaggestaltung: Heinz Kraxenberger
Herstellung: Verena Römer
Satz: Michael Bauer
Repro: Penta
Druck: Appl
Bindung: Kraus

ISBN 3-7742-2182-0

Auflage 5. 4. 3. 2. 1.
Jahr   98 97 96 95 94

Die Fotos auf dem Umschlag

Umschlagvorderseite: Kreuz mit Rosenkranz; kleines Foto: Kleine Blumensträußchen mit Blumendraht umwickeln. Büschel dieser Art werden dann zu einem Kranz gebunden. Umschlagseite 2: Beliebter Grabschmuck – Stiefmütterchen (*Viola*-Wittrockiana-Hybride) 'Pink Shade'.

Umschlagseite 3: Nostalgische Hortensien (*Hydrangea macrophylla*) – ideal für halbschattige Plätze. Umschlagrückseite, oben links: Schale mit kleinen Frühlingssträußen; oben rechts: Winterliches Gesteck mit Kiefernzapfen; unten links: Schön im Herbst – Rosen mit roten Beeren.

Die Fotografen

Die Fotos in diesem Buch stammen von Jürgen Stork, mit Ausnahme von Nickig: U2/1, Seite 49 re.; Schneiders: 64/U3, Seite 12/13, 32/33

Der Charme vergangener Zeiten

...läßt Hortensien *(Hydrangea macrophylla)* wieder mehr und mehr an Beliebtheit gewinnen. Wohl fühlen sie sich nur am halbschattigen Standort, wenn sie in gut torfhaltiger, also leicht saurer Erde stehen. Wie ihr Name *Hydrangea* schon verrät, sind sie regelrechte Wasserschlürfer, wollen also reichlich gegossen werden – und zwar nur mit weichem Wasser. Das bedeutet aufmerksame Grabpflege! Sie können Hortensien auspflanzen oder in großen Gefäßen aufs Grab stellen und nach der Blüte zu Hause bei 8 °C wie Kübelpflanzen überwintern. Wer dies vorhat, sollte ihnen bis August alle 14 Tage einen Rhododendron-Dünger ins Gießwasser geben.

In der Regel zeigen Hortensien ihre weißen, rosafarbenen, roten oder blau-violetten Blütenbälle im Juni und Juli. Vom Gärtner vorgetriebene Pflanzen gibt es aber bereits ab März.